O coaching educacional
no ensino a distância

DIALÓGICA

O selo DIALÓGICA da Editora InterSaberes faz referência às publicações que privilegiam uma linguagem na qual o autor dialoga com o leitor por meio de recursos textuais e visuais, o que torna o conteúdo muito mais dinâmico. São livros que criam um ambiente de interação com o leitor – seu universo cultural, social e de elaboração de conhecimentos –, possibilitando um real processo de interlocução para que a comunicação se efetive.

EDITORA
intersaberes

O coaching educacional
no ensino a distância

Antonio Siemsen Munhoz

Rua Clara Vendramin, 58 . Mossunguê
CEP 81200-170 . Curitiba . PR . Brasil
Fone: (41) 2106-4170
www.intersaberes.com
editora@editoraintersaberes.com.br

conselho editorial
Dr. Ivo José Both (presidente)
Drª Elena Godoy
Dr. Nelson Luís Dias
Dr. Neri dos Santos
Dr. Ulf G. Baranow

editora-chefe
Lindsay Azambuja

supervisora editorial
Ariadne Nunes Wenger

analista editorial
Ariel Martins

preparação de originais Carlos Eduardo da Silva

edição de texto Natasha Saboredo
Arte e Texto Edição e Revisão de Texto
Emilson Richard Werner

capa e projeto gráfico Mayra Yoshizawa

diagramação Estúdio Nótua

equipe de *design* Mayra Yoshizawa
Charles L. da Silva

iconografia Regina Claudia Cruz Prestes

Dados Internacionais de Catalogação na Publicação (CIP)
(Câmara Brasileira do Livro, SP, Brasil)

Informamos que é de inteira responsabilidade do autor a emissão de conceitos.

Nenhuma parte desta publicação poderá ser reproduzida por qualquer meio ou forma sem a prévia autorização da Editora InterSaberes.

A violação dos direitos autorais é crime estabelecido na Lei n. 9.610/1998 e punido pelo art. 184 do Código Penal.

1ª edição, 2017.

Foi feito o depósito legal.

Munhoz, Antonio Siemsen
  O coaching educacional no ensino a distância/ Antonio Siemsen Munhoz. Curitiba: InterSaberes, 2017.

  Bibliografia.
  ISBN 978-85-5972-636-7

  1. Coaching 2. Educação 3. Educação a distância 4. Educadores – Formação 5. Ensino 6. Pedagogia I. Título.

17-11772   CDD-371.35

Índices para catálogo sistemático:
Coaching educacional:
Educação a distância 371.35

Sumário

Apresentação   7

01 | Coaching: uma apresentação 9

    1.1   O surgimento do ensino a distância 11
    1.2   Os profissionais que atuam no ensino a distância 13

02 | O coaching desmistificado 25

    2.1   Aprendizagem corporativa 26
    2.2   O surgimento do coaching 29
    2.3   Características do coaching executivo 31
    2.4   Razões que levam um profissional ao coaching 32
    2.5   Cuidados a serem tomados ao se utilizar o coaching   33
    2.6   Os resultados das atividades de coaching 35

03 | O coaching educacional 45

    3.1   Análise Fofa do processo 46
    3.2   Os principais problemas encontrados nos ambientes de ensino 47
    3.3   A forma de encarar alunos jovens e adultos 49
    3.4   A primeira experiência de coaching 51
    3.5   Características do coaching educacional 53
    3.6   Etapas de aplicação do coaching educacional 55

04 | O contexto de aplicação do coaching educacional 61

05 | O papel do professor (coacher) 69

06 | O papel do aluno (coachee) 81

6.1 O que o coachee precisa saber.................................... 85
6.2 Responsabilidades do coachee 87

07 | Planejamento de desenvolvimento do coaching educacional 93

7.1 Projeto instrucional... 94
7.2 O planejamento do coaching educacional................ 94

08 | Condução do coaching educacional 101

8.1 Relação entre os elementos do coaching.................. 102
8.2 As sessões de coaching.. 103
8.3 O *feedback* no processo de coaching......................... 105

09 | Os resultados das atividades de coaching 111

10 | Expectativas do coaching para o futuro 119

Considerações finais   *125*
Questionário de avaliação da obra   *127*
Referências   *129*
Sobre o autor   *145*

Apresentação

O termo *coaching* tem sido bastante utilizado no mercado corporativo, assim como a expressão *coaching executivo*. Ambos os casos designam um processo de desenvolvimento de novas competências, o qual ocorre com a ajuda de um profissional experiente e especialista em atendimento personalizado.

Atualmente, há uma proposta de aplicação do coaching no setor acadêmico, chamada *coaching educacional*, cujo intuito é proporcionar os mesmos resultados do coaching executivo e propor novas formas de relacionamento entre professores e alunos. Devemos alertar, no entanto, que tal proposta enfrenta grande resistência e oposição de muitos pedagogos, conforme aponta Santos (2012).

Tendo isso em vista, o objetivo desta obra é apresentar de que maneira o coaching educacional pode ser aplicado. Para fundamentar essa proposta, foi realizada uma pesquisa externa, concentrada em ambientes em que a mediação entre os agentes educacionais ocorre com a intervenção de tecnologia educacional, como no ensino a distância – EaD (Groff, 2013).

A obra está dividida em dez capítulos independentes, ou seja, que podem ser estudados de forma individual. No Capítulo 1, apresentamos as definições e as características das atividades de coaching, tendo em vista o modo como elas são desenvolvidas no mercado corporativo. No Capítulo 2, discorremos sobre o coaching com base em sua aplicação em executivos de empresas do mercado corporativo.

No Capítulo 3, indicamos as transformações necessárias para que o coaching tenha sucesso no ambiente acadêmico. Para complementar, no Capítulo 4, apresentamos o contexto de aplicação da teoria de aprendizagem e sugerimos a aplicação de algumas ideias pedagógicas.

No Capítulo 5, analisamos o perfil desejado para o tutor que irá desenvolver as atividades de coaching educacional e de que maneira deve ser conduzido seu treinamento. Já no Capítulo 6, discorremos sobre o perfil do aluno que será submetido a essas atividades, tendo em vista as responsabilidades que ele precisa assumir para a efetivação de sua aprendizagem.

No Capítulo 7, propomos uma metodologia para inserção das atividades de coaching educacional no planejamento do projeto instrucional de cursos. Já no Capítulo 8, sugerimos uma forma de condução dos trabalhos que possibilite maximizar a motivação dos participantes das atividades.

Para finalizar, no Capítulo 9, apresentamos algumas conclusões – levando em consideração a abrangência do tema. Já no Capítulo 10, discorremos sobre as possibilidades para o futuro, a fim de registrar as expectativas para o desenvolvimento da metodologia de coaching educacional.

Os termos considerados técnicos, geralmente relacionados aos jargões da área, foram agrupados na Seção Glossário, presente no final de cada capítulo, de forma a não prejudicar a evolução da leitura.

Para o aprofundamento em alguns temas-chave, sugerimos algumas leituras complementares na Seção Saiba Mais. Há também algumas atividades propostas ao longo dos capítulos para fomentar a reflexão. Nessa situação, você deverá registrar a atividade em seu diário de bordo[1], um portfólio digital no qual devem ser anotados todos os trabalhos, todas as fontes de pesquisa e outras informações consideradas relevantes. É normal que, quando consultado ao final de um percurso, seja possível perceber uma evolução do conhecimento relativo ao tema tratado. Assim, sempre que for realizada alguma atividade, é importante acionar esse elemento de trabalho.

Ao final de cada um dos capítulos, são propostas questões dissertativas de revisão. É válido ressaltar que essas questões solicitam sempre a sua opinião, ou seja, não há respostas predefinidas e o processo não se assemelha a uma avaliação. Além dessas atividades, haverá no final do capítulo um estudo de caso, como elemento facilitador de uma prática de aprendizagem baseada em problemas.

Boa leitura!

---

[1] Se considerar necessário, é possível enviar o material e solicitar uma devolutiva do autor. Você também pode enviar dúvidas e sugestões para o melhoramento deste material.
E-mail para contato: antsmun@outlook.com.

Capítulo 01

Coaching: uma apresentação

Segundo Lange e Karawejczyc (2014), a atividade de coaching já é desenvolvida com sucesso no mercado corporativo. O coaching executivo ou corporativo, ou simplesmente *coaching*, está estabelecido como uma das melhores práticas adotadas pelas empresas. Na administração, ele é encarado por diversos especialistas e estudiosos como um dos diferenciais que a empresa pode apresentar em relação à concorrência (Marques, 2012).

No ambiente acadêmico, quem assume a função de coacher[1] é o professor tutor[2], que consegue identificar em cada aluno um coachee[3]. Para que o papel do tutor se adeque a essa mudança, é necessário que ele desenvolva bem as competências e habilidades necessárias à nova função.

É válido ressaltar que essa mudança de paradigmas é sensível. O abandono de estereótipos é condição primordial para que o tutor assuma as funções de coacher, de forma a melhorar o relacionamento com os alunos e, consequentemente, alavancar a aprendizagem deles. Para efetivar essa aproximação entre o professor e os alunos, é necessário que haja a diminuição do número de alunos atendidos.

atividade

Com base no que foi explicado até aqui, assinale problemas que você vivenciou ou tomou conhecimento decorrentes da sobrecarga de alunos para um único tutor – 100 alunos ou mais. Anote o resultado de seu trabalho em seu diário de bordo.

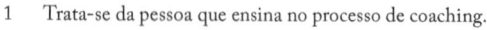

1   Trata-se da pessoa que ensina no processo de coaching.
2   Nesta obra, quando nos referirmos ao ensino a distância, aplicaremos o termo *professor* como sinônimo de *tutor*.
3   Trata-se do aluno que quer aprender no processo de coaching.

1.1 O surgimento do ensino a distância

O início do ensino a distância (EaD) remete a tempos remotos, sendo a troca de materiais de estudo entre os jesuítas uma das primeiras manifestações conhecidas. No entanto, o EaD como o conhecemos atualmente surgiu apenas no final da década de 1990, época em que a União Europeia estabeleceu teorias de aprendizagem que deram sustentação e credibilidade acadêmica a essa modalidade. Até então, o EaD era uma modalidade de ensino por correspondência. Como seu ensino não era voltado à educação formal, o EaD era visto como uma modalidade menor de educação.[4]

Com a nova conceituação apresentada pela União Europeia, o EaD deixou de ser tomado como uma modalidade menor de educação e recebeu reconhecimento acadêmico.

A Lei de Diretrizes e Bases da Educação Nacional (LDBEN) – Lei n. 9.394, de 20 de dezembro de 1996 (Brasil, 1996) – foi o primeiro documento oficial a se referir à oferta de cursos EaD. A partir disso, criou-se no país o termo *presença conectada*.

Diante do consentimento dado pela Lei n. 9.394/1996, o EaD se expandiu com a oferta de cursos técnicos e de pós-graduação. Para legitimar esses cursos, passou-se a exigir o credenciamento prévio das Instituições de Ensino Superior (IES) interessadas na modalidade. Após essa etapa, um sinal *broadcasting* era distribuído por diversas localidades.

Todos os erros que poderiam causar problemas foram detectados e corrigidos nessa fase inicial, principalmente depois da promulgação do Decreto n. 5.622, de 19 de dezembro de 2005 (Brasil, 2005), e do estabelecimento de orientações para a adoção de medidas de qualidade embasadas no ensino presencial.

Mais recentemente, a criação da Universidade Aberta do Brasil (UAB) colaborou para a resolução dos principais problemas restantes no EaD ao determinar

---

4   Nessa época, Keegan (1996) coordenou e participou de um grupo de pesquisadores para fundamentar o EaD.

condições que devem ser atendidas em seus polos de apoio presencial (UAB, 2017). A proposta oriunda dessa instituição pública acabou servindo de parâmetro para o atendimento ofertado pelas IES privadas.

Os polos de apoio presencial são parte da infraestrutura das IES, de acordo com os referenciais de qualidade para o EaD, os quais completaram uma série de medidas favoráveis à melhoria dos cursos oferecidos nessa modalidade (Brasil, 2007).

O EaD inicialmente foi efetivado como um caça-níquel eletrônico, dificultando a aceitação de profissionais formados nessa modalidade pelo mercado corporativo. Posteriormente, o EaD se tornou objeto de diversos aperfeiçoamentos.

É possível afirmar que, atualmente, o EaD é uma abordagem estável e segura. Há ainda alguns aspectos pontuais a serem melhorados, sobretudo no que tange ao aprimoramento da qualidade didática e pedagógica. Outros aspectos a serem considerados são: a formação de professores, o nivelamento de alunos e o nivelamento tecnológico, bem como a apropriação correta da evolução tecnológica para propiciar novas formas de efetivar processos de ensino-aprendizagem.

É válido ressaltar que a falta de profissionalização dos docentes que atuam no EaD sempre foi uma das deficiências mais latente. Essa carência afetou tanto o campo administrativo das IES quanto a qualidade dos cursos ofertados por essas instituições.

Tal deficiência está relacionada, sobretudo, à atribuição de múltiplas tarefas a um só profissional, que fica sobrecarregado em virtude da complexidade, da especificidade e da multiplicidade de exigências (logísticas, administrativas e pedagógicas) envolvidas na oferta de qualquer curso de EaD. Diante do cenário exposto, a proposta de divisão de tarefas entre profissionais com diferentes perfis é algo que não pode ser adiado.

Com base no que foi apresentado até aqui e em suas próprias experiências, analise os problemas decorrentes da atribuição a um mesmo profissional de diversas tarefas, como o desenvolvimento de projetos, a apresentação de conteúdo, a tutoria e a avaliação alunos e estruturas.

1.2 Os profissionais que atuam no ensino a distância

Existem áreas bem delimitadas no campo do EaD, as quais devem ser executadas por diferentes profissionais, como o gestor, o docente coletivo, o docente especialista, o docente tutor, o projetista instrucional, o tecnólogo, o produtor de materiais e o avaliador. Essa lista de profissionais mostra o quão diversas são as atividades nessa modalidade, de modo que podemos concluir que elas exigem qualificações específicas, que dificilmente podem ser encontradas em uma única pessoa, mesmo que esta seja altamente polivalente.

Com base nessas considerações, não é difícil constatar um dos principais problemas nos cursos de EaD: colocar um único profissional para desenvolver todas as atividades previstas no ambiente.

Nos cursos de especialização oferecidos quando o EaD foi instaurado[5] – alguns acompanhados por professores internacionais provenientes da Espanha e do Reino Unido –, formaram-se diversos profissionais generalistas, titulados genericamente como *especialistas em EaD*. Esse tipo de proposta ocorreu quando isso já era considerado um erro em instituições internacionais que ofereciam pacotes nessa modalidade.

Em resumo, cada uma das áreas envolvidas na oferta de cursos de EaD apresenta nuances particulares de comportamento, o que, por sua vez, nos leva a perceber também a necessidade de uma formação específica para docentes e outros profissionais que atuam em cursos dessa modalidade. Assim, é justificada a análise de qualquer proposta que vise contribuir com a formação desses profissionais.

Apesar da adoção de medidas de qualidade do ensino presencial ter permitido a correção de diversos erros no início do EaD, a reprodução dos mesmos projetos utilizados nos ambientes presenciais foi um erro bastante recorrente. Infelizmente,

---

5 Esses cursos, montados às pressas, foram ofertados pela Universidade Federal do Mato Grosso (UFMT) e pela Universidade Federal do Paraná (UFPR).

em algumas instituições, muitos desses erros ainda são repetidos. Embora isso não leve à supressão de oferta, faz com que se perca qualidade educacional.

Ainda assim, é válido ressaltar que várias instituições corrigiram a maioria desses erros de metodologia típicos do ensino presencial. A inserção do projeto instrucional, elemento ausente nas primeiras iniciativas, por exemplo, possibilitou que grandes melhorias fossem apresentadas.

De acordo com Filatro (2008) e Munhoz (2016c), um projeto instrucional equivale a uma ação intencional adotada por instituições de ensino. Tem como propósito aplicar uma sistemática planejada e organizada que prevê o uso de diferentes metodologias, técnicas, atividades, materiais, eventos e produtos educacionais nos cursos, em situações didáticas específicas. Seu objetivo final, além de facilitar o trabalho de professores e alunos, está centrado na melhoria da qualidade do processo de ensino-aprendizagem. Em síntese, o projeto instrucional permite que os envolvidos no desenvolvimento de projetos para o EaD tenham uma visão completa do que é necessário fazer para aumentar a qualidade do processo de ensino-aprendizagem.

Na atualidade, há equipes multidisciplinares que incluem gestores, coordenadores de cursos, professores, projetistas instrucionais e técnicos de informática. Essas equipes estão capacitadas para trazer propostas mais consistentes, a fim de que iniciativas educacionais sejam oferecidas com elevado nível de qualidade em todos os ambientes – até mesmo nos ambientes presenciais que utilizam tecnologia.

Propostas inovadoras personalizam o ambiente de ensino-aprendizagem, o que acarreta muitas vantagens no sentido de engajar e motivar os alunos a efetivarem a aprendizagem ativa e terem maior participação no ambiente.

Em consonância com tais propostas, os ambientes virtuais de aprendizagem (AVA) começaram a ser trocados pelos ambientes personalizados de aprendizagem (APA). Essa troca tem se destacado nas pesquisas da área e, conforme aponta Bechara e Haguenauer (2009), atende aos pedidos de atividade de aprendizagem adaptativa e a um anseio social de personalização, que pode ser observado na grande rede. Isso tem incentivado o Departamento de Treinamento e Desenvolvimento (T&D) das empresas a iniciarem uma escalada em direção aos estudos e à efetivação da proposta de personalização no setor acadêmico.

Nesse contexto, melhorar a ação e a prática do tutor, considerado o pilar de sustentação do processo de ensino-aprendizagem no EaD, não é algo simples. Por isso, e levando-se em consideração que esse profissional tem contato mais direto e frequente com o aluno, as propostas de instrumentar a tutoria são bem recebidas. Entre as melhorias possíveis no ambiente está a efetivação da proposta de utilização do coaching educacional, que visa melhorar a atividade de acompanhamento ao aluno por meio da mudança na forma de atuação do tutor. Isso permite o aumento da qualidade do processo de ensino-aprendizagem oferecido em ambientes não presenciais, semipresenciais e presenciais – quando enriquecidos com tecnologia educacional.

No início, os professores responsáveis pela tutoria em cursos de EaD foram inseridos em ambientes centrados no aluno, sem haver orientações para isso. Tal iniciativa pode até ter obtido sucesso, mas certamente em situações pontuais. Nessas ocasiões, o êxito resultou mais do desempenho individual do que do uso de melhores práticas.

Analise o que foi exposto sobre o papel do tutor e, com base nos conhecimentos adquiridos e em suas experiências, desenvolva um pequeno artigo de opinião sobre o tema.

atividade

É válido ressaltar que desenvolver o acompanhamento ao aluno do EaD nunca foi uma atividade fácil. Embora essa dificuldade não seja novidade para o tutor, há novos comportamentos e atitudes – que surgiram devido à chegada de uma geração digital aos bancos escolares das universidades – que estão causando certo estranhamento.

A nova forma de relacionamento exigida para se estabelecer contato com a geração digital altera muitos paradigmas e derruba estereótipos há muito tempo estabelecidos, pois ela apresenta, conforme apontam Prensky (2001) e Mattar (2010), diferenças de comportamento em relação à geração anterior. Entre as mudanças necessárias, podemos citar a questão de o professor não se considerar o detentor universal do conhecimento, algo que configura uma dificuldade até os dias atuais. Também é preciso abandonar a hierarquia de poder em relação ao aluno.

Tendo isso em vista, orientar o professor a atuar como um elemento que aprende junto com o aluno, como um orientador, um companheiro, mostrou-se uma proposta que gera elevado fator resistência. Para que ele não se dissemine no ambiente e traga resultados não desejados, exige-se que o professor passe por uma fase de preparação.

Assim, a proposta de coaching se reveste de alto grau de complexidade, pois muitos são os professores que ainda não estão devidamente preparados para ela. Na atualidade, a formação complementar para atuação em novos ambientes exige novos comportamentos e atitudes nas atividades de ensino-aprendizagem. Essas exigências devem ser aplicadas pelas IES que pretendem migrar seus cursos para ambientes não presenciais ou semipresenciais. No entanto, não podemos esquecer que mudanças também são necessárias nos ambientes tradicionais.

Apesar de todas as dificuldades iniciais oriundas da exigência de mudança de comportamento, o tutor presencial se efetivou como um dos principais sustentáculos do EaD. Sua figura ainda persiste e com a mesma importância. É ele quem atua nos polos de apoio presencial, geograficamente distribuídos, e atende os alunos. Dependendo do tipo de entrega do curso (assunto que abordaremos adiante), alguns desses tutores atendem os alunos diretamente nos ambientes virtuais (sem presença física), de forma síncrona ou assíncrona, o que foi facilitado pela evolução das telecomunicações – que reduzem as distâncias a zero.

Muitos dos tutores que atendem diretamente nos AVA são generalistas. O problema é que eles não estão preparados para atender pontos polêmicos ou complexos, o que deixa alguns alunos descontentes com a estrutura. Mais uma vez, há um distanciamento da estrutura correta, em que os tutores deveriam atender somente em sua área de especialidade. A tendência é que, aos poucos, essa estrutura ideal venha a vigorar.

Os tutores generalistas estão preparados apenas para fazer o primeiro atendimento ao aluno, que geralmente é superficial. Isso torna o "fantasma da solidão" uma realidade ainda presente para muitos alunos, principalmente para aqueles que resolvem trilhar a caminho da aprendizagem independente, um dos paradigmas colocados para a formação do profissional do conhecimento na atualidade.

Para cobrir os elevados custos da infraestrutura necessária para a oferta de cursos EaD, foram criadas as chamadas *grandes salas de aula*, que reúnem de mil a dois mil alunos matriculados – embora já tenham sido levantados números superiores a esses. Em tais condições, perde-se, em maior ou menor grau – a depender do desempenho individual –, a qualidade nas atividades de ensino-aprendizagem.

O custo da estrutura tutorial – se respeitadas as recomendações didáticas e pedagógicas que, com razão, limitam o número de alunos atendidos por cada tutor – poderia atingir valores astronômicos.

De acordo com a UAB, a proporção vista como satisfatória é de 20 alunos por tutor; já de acordo com as recomendações do Ministério da Educação (MEC), a proporção deve ser de 30 alunos por tutor. No entanto, considerando nossa experiência no atendimento de alunos de cursos EaD, a proporção ideal seria de 5 a 10 alunos por tutor. Assim, em razão dos custos, não é incomum encontrar tutores prestando atendimento a 100, 200 ou até mais alunos. Isso cria uma situação de baixa qualidade e baixo retorno no atendimento.

A aceitação da não obrigatoriedade da presença do aluno no polo presencial sem a devida preparação e sem que a infraestrutura *on-line* estivesse adequada acarretou dificuldades para a modalidade. O elevado grau de evasão em razão da insatisfação com essa situação foi um dos motivadores da proposta de trazer as atividades de coaching educacional para o ambiente de ensino-aprendizagem. Entretanto, para que essa modalidade de coaching tenha sucesso, são exigidas algumas mudanças com relação ao que se considera como *coaching executivo* ou *coaching corporativo*, tratados como sinônimos nesta obra.

Na atualidade, o cenário causador de insatisfação se encontra bem modificado. A estabilidade da modalidade EaD e a utilização de diversas técnicas, tais como a estruturação de estudos em grupo, a utilização da aprendizagem baseada em problemas, a inversão da sala de aula e a gamificação, diminuem o impacto dos fatores responsáveis pela baixa qualidade do serviço oferecido e pelo baixo retorno do atendimento.

Os problemas restantes poderão ser definitivamente afastados e resolvidos com a adoção da proposta de coaching educacional, também chamado por alguns de *coaching acadêmico* (termos que serão tratados como sinônimos neste livro).

 Com base nas colocações sobre a importância do papel do tutor no ambiente de aprendizagem e na bibliografia indicada, desenvolva um pequeno artigo de opinião questionando a formação necessária para esse profissional. Tome como base também sua experiência ou os estudos que efetivou sobre o assunto.

Glossário

Ambientes personalizados de aprendizagem (APA): Ambientes em que se busca efetivar o respeito às formas individuais de aprendizagem de cada aluno por meio das atividades. Essa expressão está fundamentada nos estudos desenvolvidos por Porvir (2017), que aponta diversas vantagens no uso da técnica com crianças – uso que, se respeitadas as diferenças entre pedagogia e andragogia, pode ser aplicado no ensino superior.

Ambientes virtuais de aprendizagem (AVA): Locais que concentram a troca de arquivos e mensagens, a efetivação de atividades independentes desenvolvidas *on-line*, a efetivação de atividades síncronas e assíncronas entre participantes de curso e o acompanhamento da vida acadêmica do aluno. Diversos autores desenvolveram estudos sobre o assunto, entre os quais podemos indicar Messa (2010), que apresenta um trabalho interessante que relaciona os AVA à aprendizagem significativa.

Aprendizagem baseada em problemas: Estratégia educacional que busca, por meio da problematização, apoiar a aprendizagem em conteúdos relevantes, melhorar a qualidade dessa aprendizagem e torná-la mais significativa para a vida pessoal e profissional do aluno. Para você ter uma visão mais completa sobre o tema, indicamos a obra *Aprendizagem baseada em problemas: ferramentas de apoio no processo de ensino e aprendizagem* (Munhoz, 2016a).

Aprendizagem independente: Proposta na qual o aluno desenvolve seu estudo com uma independência progressiva da assistência tutorial, que pode atingir o nível máximo. Nessa proposta, o aluno escolhe os próprios materiais, define de que maneira e em que local irá estudar e conta com o apoio das redes sociais e

de tutores acreditados para efetivar o acompanhamento de sua evolução acadêmica. Barnes, Marateo e Ferris (2012) podem fornecer um referencial de suporte interessante nesse tema.

Avaliador: Profissional exclusivamente voltado ao desenvolvimento da avaliação de cursos oferecidos em ambientes enriquecidos com a tecnologia – que é diversificada. Nesses cursos, as avaliações estão divididas em: avaliação do aluno, avaliação da estrutura e avaliação dos agentes educacionais. Na visão de Schlemmer, Saccol e Garrido (2006), esse processo deve ser tratado de acordo com seu nível de complexidade, o qual fica evidente quando analisamos o mesmo processo em ambientes tradicionais.

Docente coletivo: Profissional que tem maior participação no ambiente como produtor de materiais em multimídia, sem saber qual professor e quais alunos irão utilizar esse material. O docente coletivo é responsável por aplicar o processo de ensino – tarefa entregue, muitas vezes, a outros professores especialistas ou tutores. Essa divisão foi proposta por Belloni (2006) e ainda não é bem compreendida por muitos professores que pretendem desenvolver trabalhos relacionados aos AVA.

Docente especialista: Professor especialista que entra no processo em sua reta final, embora o ideal fosse que ele acompanhasse o processo desde o início do desenvolvimento do projeto instrucional do curso. Esse profissional tem o primeiro contato com o docente coletivo ou com a coordenação do curso e pode trazer materiais complementares àqueles já desenvolvidos.

Docente tutor: Professor especialista que irá acompanhar o aluno, a fim de que ele desenvolva a aprendizagem independente.[6]

Estudos em grupo: Uma das estratégias educacionais mais eficientes utilizadas como forma de envolver o aluno e garantir seu engajamento, na tentativa de manter ativa sua motivação para a aprendizagem. É possível compreender de forma mais completa essa estratégia consultando nossa obra *Aprendizagem baseada em*

---

6   Para saber mais, consulte Munhoz (2014).

problemas: ferramentas de apoio no processo de ensino e aprendizagem (Munhoz, 2016a), que trata da aprendizagem baseada em problemas.

Fantasma da solidão: Estado de ânimo alterado que surge quando determinado aluno de cursos semipresenciais ou não presenciais não tem suas solicitações atendidas em tempo hábil, com um retorno dificultado. É um dos motivos das elevadas estatísticas de evasão apresentadas nesses tipos de cursos.

Fator resistência: Reação de resistência que as pessoas apresentam quando inovações são apresentadas, visto que estas retiram-nas de sua zona de conforto. Ao serem retiradas dessa condição, as pessoas podem precisar alterar comportamentos padronizados – e a mudança pode ser significativa. Você pode obter maiores informações sobre o tema em Lima, Andrade e Damasceno (2017).

Gamificação: Metodologia que acredita no poder de motivação dos jogos aplicado aos processos educacionais. A proposta é incorporar a mecânica dos jogos e aplicá-la ao desenvolvimento de conteúdo, a fim de prender a atenção do aluno e mantê-lo interessado durante todo o processo de ensino-aprendizagem. A complexidade do tema pode ser variável e depende das pessoas que estão entrando em ele, como demonstra Burke (2015).

Geração digital: Nascida a partir dos anos 1990, essa geração apresenta novas formas de comunicação com as outras pessoas, o que exige novas metodologias para desenvolver seus estudos. Os estudos de Siemens (2006) e Mattar (2010) podem proporcionar uma visão mais abrangente do tema.

Gestor: Profissional que gerencia, administra e lidera determinado setor. Na área da EaD, o gestor atua nas etapas em que se desenvolvem as propostas educacionais.

Produtor de materiais: Professor conteudista responsável pela adequação dos conteúdos às possibilidades midiáticas existentes no ambiente. Não é incomum que esse profissional também seja chamado de *contador de histórias* ou *roteirista das interfaces* que serão apresentadas aos participantes. O ideal é que ele não seja um tecnólogo, mas um professor com conhecimentos de informática. Os estudos de Belloni (2006) e de Munhoz (2016d) oferecem uma visão ampliada sobre o tema.

Profissional do conhecimento: Termo criado por Drucker e Wartzman (2013) que caracteriza um novo profissional, altamente especializado e voltado a um processo de formação continuada, capacitado para solucionar problemas que surgem na empresa moderna em razão da elevada evolução tecnológica.

Projetista instrucional: Um dos profissionais mais importantes nos cursos oferecidos em ambientes enriquecidos com a tecnologia. Sem ele, a qualidade das atividades projetadas seria sacrificada, pois elas estariam carentes de estudo e planejamento detalhados. Não há um profissional como esse no ambiente tradicional, que reúne sozinho criatividade e conhecimento técnico, didático e pedagógico da área em questão. Consulte nossos estudos (Munhoz, 2016c) e os de Filatro (2008) sobre o desenvolvimento dos projetos instrucionais para obter maiores informações sobre esse profissional.

Sala de aula invertida: Nova metodologia totalmente voltada à motivação do aluno e à tentativa de recuperar a riqueza do relacionamento dele com o professor. Em outras palavras, trata-se de uma metodologia que consiste em trazer o "dever de casa" para a aula presencial. O material de estudo é oferecido ao aluno em um conjunto de mídias (áudio, vídeo etc.) especialmente preparadas para que ele estude antes da aula, na qual ele apresentará soluções de problemas ou esclarecerá suas dúvidas sobre o assunto (Munhoz, 2015).

Sinal *broadcasting*: Sinal televisivo enviado de um estúdio central para diversas localidades. Esse sinal funciona como os canais pagos: cada polo descentralizado o acessa no horário previsto para as atividades presenciais, que podem ser aulas ou quaisquer atividades previstas no ambiente.

Tecnologia educacional: Tecnologia que tem sido utilizada de forma extensiva no ambiente de ensino-aprendizagem. A tecnologia educacional pode ser definida como a aplicação da evolução tecnológica, que proporciona novas ferramentas e procedimentos no segmento educacional e o aumento na facilidade do acesso às informações sobre educação disponíveis na internet. Essa aplicação visa melhorar a qualidade com que a atividade de ensino-aprendizagem será efetivada (Munhoz, 2016e).

Tecnólogo: Profissional que atua no desenvolvimento das interfaces e das mídias, além de pesquisar soluções por meio de novas tecnologias, que podem ser utilizadas na melhoria da efetivação e da qualidade do processo de ensino-aprendizagem com mediação da tecnologia educacional (Munhoz, 2016e).

Saiba mais

Para saber mais sobre os temas abordados neste capítulo, sugerimos a seguir três textos para leitura e algumas atividades.

Leitura	Proposta de atividade
ALVES, L. Educação a distância: conceitos e história no Brasil e no mundo. Revista Brasileira de Aprendizagem Aberta e a Distância, São Paulo, v. 10, p. 83-92, 2011. Disponível em: <http://www.abed.org.br/revistacientifica/Revista_PDF_Doc/2011/Artigo_07.pdf>. Acesso em: 4 dez. 2017.	Leia o texto e, se quiser devolutiva, entre em contato com o autor.
BELUCE, A. C.; OLIVEIRA, K. L. de. Ambientes virtuais de aprendizagem: das estratégias de ensino às estratégias de aprendizagem. In: SEMINÁRIO DE PESQUISA EM EDUCAÇÃO DA REGIÃO SUL, 9., 2012, Caxias do Sul. Anais... Caxias do Sul: UCS, 2012. Disponível em: <http://www.ucs.br/etc/conferencias/index.php/anpedsul/9anpedsul/paper/viewFile/3006/904>. Acesso em: 4 dez. 2017.	Após a leitura, procure produzir um artigo de opinião sobre o assunto.

(continua)

(conclusão)

Leitura	Proposta de atividade
BIANCHI, I. S. et al. Gestão de ambientes virtuais no desenvolvimento de cursos na educação a distância. In: SIMPÓSIO DE EXCELÊNCIA EM GESTÃO E TECNOLOGIA, 8., 2011, Resende. Anais... Resende: Seget, 2011. Disponível em: <http://www.aedb.br/seget/arquivos/artigos11/26914294.pdf>. Acesso em: 4 dez. 2017.	Com base no texto sugerido para leitura, monte um guia de orientação.

Questões para revisão

1. Explique por que é necessária a renovação das atividades de tutoria no EaD.
2. Por que não é possível aplicar metodologias do ensino presencial ao EaD? Quais são as principais diferenças entre esses dois ambientes?
3. Analise o método de ensino tradicional e explique por que ele não é adequado ao ensino contemporâneo.
4. Por que é necessário renovar a forma de relacionamento estabelecida entre alunos e docente?
5. Caracterize as particularidades da geração digital que exigem mudanças nos métodos de ensino.

A IES na qual você trabalha deseja estabelecer um processo de profissionalização docente para os ambientes enriquecidos com tecnologia, nos quais são efetivados cursos na modalidade EaD, e solicitou que você produza um relatório contendo as áreas inseridas no processo e as maneiras como ele poderia ser implantado. Justifique suas escolhas.

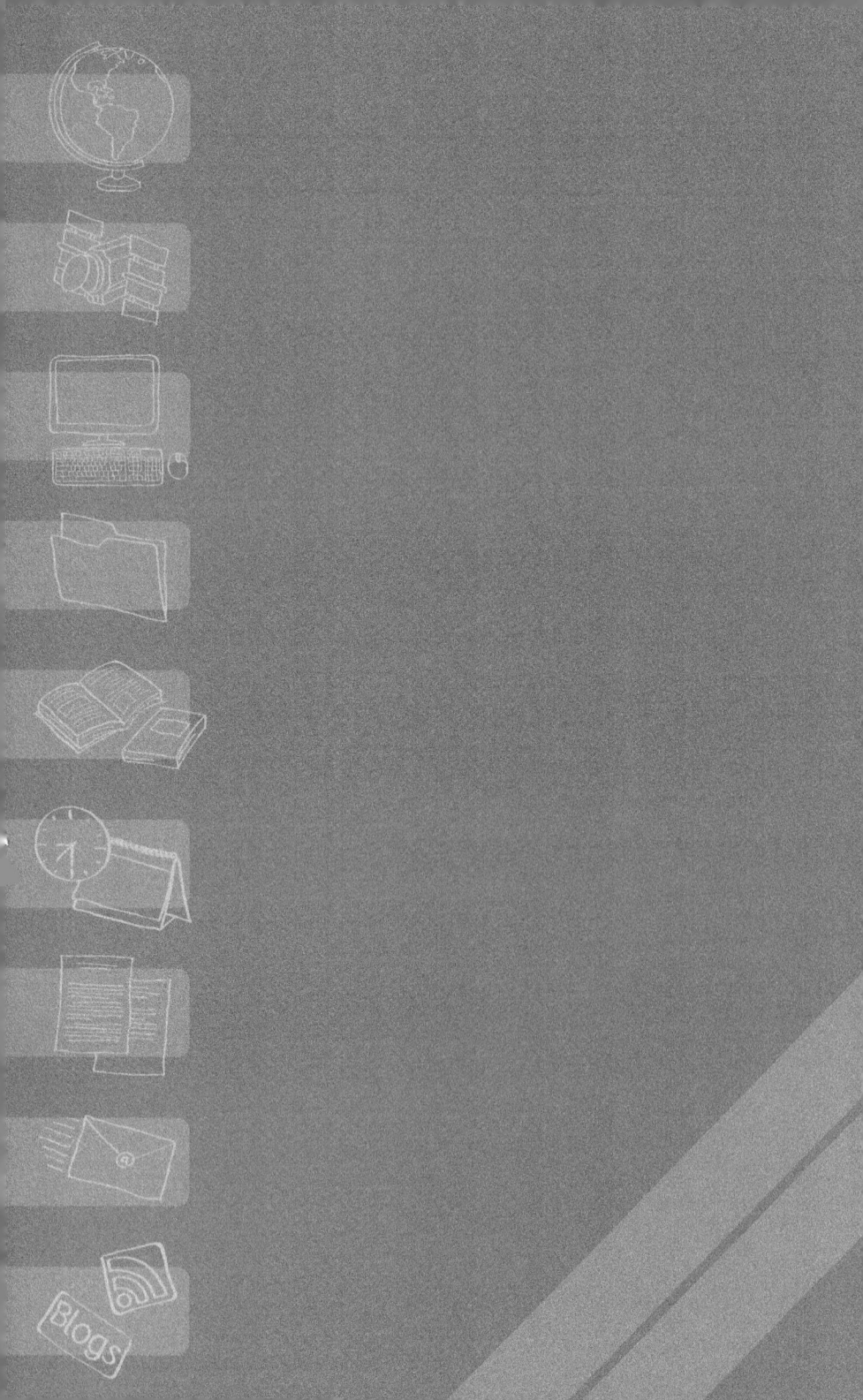

Capítulo 02

O coaching desmistificado

Quando o assunto é coaching, as pessoas ainda apresentam resistência quanto à sua aplicação. Ainda assim, essa proposta é trabalhada intensivamente nas organizações modernas, instadas a desenvolver estratégias que as tornem competitivas em um mercado autofágico, que encara os administradores como uma esfinge: "Decifra-me ou te devoro".

2.1 Aprendizagem corporativa

A aprendizagem corporativa, no contexto social atual, está colocada como um processo de formação permanente e continuada, normalmente desenvolvido em serviço. Ela se volta para a aquisição de competências e habilidades pontuais, não contempladas na formação profissional oferecida pelas Instituições de Ensino Superior (IES).

As IES estão cada vez mais distantes de formar o profissional que o mercado deseja, sendo as razões para isso incompreensíveis. Isso se torna evidente ao se analisar os estudos de mercado feitos por algumas empresas responsáveis pela caça de talentos, como a PontoRH (2017), e de alguns pesquisadores isolados, como Abrantes (2013) e Botelho (2017). Tal diagnóstico se mostra como algo a ser superado.

A justificativa utilizada pela academia é questionável, visto que a posição assumida é a de que atender aos anseios das organizações do mercado corporativo equivale a atrelar a universidade à vontade do patrão. Diante disso, fica a pergunta: Para quem, então, a universidade forma seus egressos? Essa é uma discussão que se estende e parece estar longe de chegar a um denominador comum.

Qual fator você considera responsável pelo surgimento e pela manutenção do sentimento de animosidade da academia com relação ao mercado corporativo? Justifique sua resposta e anote as fontes utilizadas para embasar suas afirmativas.

As propostas de formação permanente e continuada se desenvolvem em três principais modalidades: 1) o treinamento desenvolvido em iniciativas de Treinamento e Desenvolvimento (T&D) ou nas universidades corporativas; 2) efetivação do autoestudo por meio do *e-learning* (e todos os seus derivados: *m-learning*, *u-learning*, *b-learning*), o qual tem se tornado cada vez mais procurado nos *Massive Open Online Courses* (MOOCS), oferecidos como educação aberta para pessoas que desejam complementar seus conhecimentos; e 3) o coaching empresarial ou coaching executivo.

Cada uma dessas abordagens tem a sua aplicação específica. Cabe a um novo profissional inserido na estrutura funcional das empresas, que recebe o nome *Chief Learning Officer* (CLO), estabelecer a forma mais indicada. Entretanto, diante da inexistência desse profissional no quadro funcional da organização, tal tarefa pode estar sob a responsabilidade do próprio setor de gestão de pessoas.

O coaching pode ser aplicado em praticamente todas as iniciativas de formação pontual, nas quais o auxílio de um especialista na área é um importante destaque. No entanto, antes de prosseguirmos, é importante que destaquemos a diferença entre *treinamento* e *coaching*.

De acordo com Oberstein (2009), o treinamento serve para treinar, gerenciar e ensinar. Já o coaching visa à troca de ideias efetivada via diálogo intensivo e profícuo, tudo no afã de atender aos desejos, às necessidades e aos objetivos que motivaram o início do processo de coaching.

Os elementos participantes do processo de coaching são o orientador (coacher) e o orientado (coachee). No relacionamento entre ambos, ninguém dita o que é correto ou como algo deve ser feito. Há um direcionamento para que o coachee tire suas próprias conclusões.

O processo é similar ao processo maiêutico, adotado por Sócrates na Grécia Antiga. Esse processo, que produziu resultados interessantes, é citado até os dias atuais como um comportamento desejado para o coacher. Não são poucos os pesquisadores na área acadêmica que consideram a proposta socrática como exemplo de comportamento ideal no relacionamento entre professor e aluno (Santana, 2017).

O professor deve despertar no aluno a compreensão de que ele tem a capacidade de desenvolver a aprendizagem independentemente, embora isso não seja considerado uma possibilidade por muitos professores.

A atividade de coaching consiste na escolha de ferramentas que o coacher irá utilizar para questionar o coachee e levá-lo à reflexão. Nessa perspectiva, admite-se o aprender pelo erro, uma proposta muito diferente de qualquer "adestramento" – como proposto por muitos treinamentos.

No coaching, são movimentadas não apenas competências cognitivas, mas todo um conjunto de competências comportamentais, psicológicas e emocionais. Tudo isso a fim de que o coachee atinja aquilo que ele quer, e não o que o coacher acha que seria o melhor para ele. Assim, o coacher tem como pretensão inicial apresentar ao coachee o fato de que ele tem todas as condições de chegar aos objetivos a que se propôs. Quem toma a decisão é sempre o coachee.

A principal característica do processo coaching é que ele é composto por apenas duas pessoas engajadas em um objetivo comum, sendo uma delas o elemento a ser sensibilizado em sua capacidade de agir.

Outra característica do coaching é a recomendação da aplicação imediata dos conhecimentos adquiridos, o que leva a efetivar o processo de aprender fazendo. Além disso, recomenda-se que o participante registre os casos em que encontrou mais facilmente solução para os obstáculos, pois isso o ajudará a identificar sua forma de aprender.

Com essas considerações iniciais, pretende-se que o leitor adquira a consciência de que a atividade de coaching é uma abordagem estruturada, voltada a ajudar as pessoas a desenvolverem seu pensamento de forma mais clara e, principalmente, de maneira independente. Os ambientes tradicionais de ensino, coercitivos e assistencialistas, praticamente retiraram totalmente essa capacidade dos alunos.

É necessário ressaltar também que a atividade de coaching não representa uma técnica rigidamente aplicada e que não admite desvios. Ela pode ser mais

bem definida como uma nova forma de gerenciar as pessoas, de tratá-las de forma diferenciada. O propósito é liberar dentro de cada uma delas todo o potencial que elas podem desenvolver e levá-las ao desenvolvimento do pensamento crítico.

O erro está em considerar o coaching como uma técnica voltada à maximização do desempenho de uma pessoa, dando privilégio para as técnicas em detrimento do respeito ao coachee na condição de ser humano. Esse é um dos principais mitos que rondam o coaching e que você, leitor, deve eliminar de suas considerações.

Analise a afirmação do último parágrafo desta seção e elabore, de forma livre, um pequeno texto sobre sua importância. Vale ressaltar que a busca da produtividade total é fonte de diversos problemas de sobrecarga cognitiva, laboral e psicológica.

2.2 O surgimento do coaching

Segundo Marques (2012), a proposta de coaching, ao contrário do que muitas pessoas pensam, surgiu na academia. Entretanto, sua popularização aconteceu no mercado corporativo, como adaptação de um procedimento utilizado para acompanhamento e capacitação de estudantes e profissionais. O termo foi cunhado com base no condutor de uma carruagem, o cocheiro (em inglês, *coacher*), passando a ser extensivamente utilizado nas áreas corporativa e acadêmica.

Na atualidade, o coaching está retornando com honras e glórias ao mercado acadêmico, visto que é encarado como uma forma de personalizar o atendimento ao aluno. Apesar disso, trata-se de uma proposta que, para ser atendida, exige gastos que a estrutura das IES geralmente não pode suportar, sendo o custo repassado ao aluno. Devido a esse problema, ainda não há estudos mais detalhados para que as atividades do coacher sejam desenvolvidas.

Há uma proposta de se criar uma estrutura em pirâmide, com um número variável de níveis – o qual não deve ser elevado. Nessa estrutura, um aluno (líder) pode atuar como auxiliar do coacher, disseminando aos demais coachees as orientações deste. Dessa forma, é possível aumentar o número de alunos atendidos.

Tal proposta não é aplicada no mercado corporativo e deve ser estudada com cuidado no setor acadêmico, ainda que possa apresentar funcionalidade. Afinal, o ideal seria o atendimento individual de cada interessado, mas isso não é efetivado devido aos custos envolvidos. Ainda assim, os alunos em condições de bancar os custos adicionais podem solicitar ajuda de forma individual. Entretanto, cursos semipresenciais ou não presenciais que apresentam mensalidades mais baratas, como forma de democratizar o acesso ou de manter um ponto de equilíbrio, não podem bancar o custo previsto em casos de acompanhamento individual.

Como é possível perceber, o retorno do coaching ao mercado acadêmico exige algumas reflexões. É preciso que os agentes educacionais venham a desenvolver novas formas de comunicação, bem como de comportamentos e atitudes diferenciadas em relação às atividades de ensino e de aprendizagem, a fim de quebrar uma série de paradigmas.

Durante sua trajetória, o coaching recebeu um importante reforço – talvez o mais importante de todos –, o qual o levou a decolar como uma das melhores práticas administrativas: o apoio da aprendizagem baseada em problemas. A proposta utiliza um problema cuja solução seja capaz de fazer com que o coachee atinja seus objetivos.

Essa proposta deu origem ao coaching executivo, que, em 2015, foi considerado uma ferramenta corporativa extremamente poderosa – motivo pelo qual foi novamente apropriado pelo setor acadêmico. Essa ferramenta foi analisada de diversas formas, sendo estabelecidos para ela os seguintes objetivos:

- auxiliar os profissionais a desenvolverem atividades de planejamento;
- orientar profissionais na compreensão da importância de participar de propostas de alinhamento estratégico de cada setor com a estratégia global adotada pela empresa;
- aumentar o desempenho individual com o consequente aumento da qualidade, sem esquecer do aspecto humano dos programas de formação profissional e encaminhamento de carreiras;
- proporcionar retenção de talentos;

- redirecionar vocações com colocação de pessoas certas nos lugares certos;
- engajar os colaboradores de forma efetiva na missão da empresa.

Fonte: Elaborado com base em Marques, 2012.

Como já apresentamos os conceitos de coaching executivo e de coaching acadêmico, a seguir trataremos desses domínios de maneira isolada. Primeiro nos ocuparemos do coaching executivo; na sequência, discutiremos de maneira mais aprofundada o coaching educacional.

Após ler essa introdução sobre o coaching educacional, escreva em seu diário de bordo o que você pensa sobre o tema. Ao término da leitura do Capítulo 3, verifique se sua visão inicial está de acordo com a proposta efetivada.

Antes de iniciarmos o estudo das questões relacionadas ao coaching educacional, é importante apresentarmos de maneira mais detalhada o coaching executivo, a fim de facilitar a compreensão das mudanças necessárias para a aplicação do primeiro.

2.3 Características do coaching executivo

O coaching é uma atividade de relacionamento estabelecida entre dois profissionais: o coacher e o coachee. O primeiro, como mencionado anteriormente, é o responsável por orientar o segundo, a fim de facilitar que este atinja seus objetivos. Isso pode acontecer por vontade própria ou em razão de alguma estratégia empresarial. No primeiro caso, o coachee geralmente banca os custos em um contrato particular, sujeito a cláusulas previamente estabelecidas. No segundo, a atividade está inserida na proposta de investimento de formação pessoal dos colaboradores, de acordo com a estratégia de gestão de pessoas adotada pela empresa.

De maneira mais detalhada, o coacher é o profissional capacitado a criar parcerias com outros profissionais, normalmente da mesma área de conhecimento. Para ajudar os coachees a atingirem seus objetivos, esse profissional acompanha seu desenvolvimento pessoal e profissional, bem como os auxilia na realização de metas e objetivos, aumentando seus níveis de satisfação pessoal. Já o coachee é o indivíduo que se propõe a passar pelo processo de coaching, pois seu aperfeiçoamento proporciona a efetivação das atividades profissionais com eficiência e aumentam sua qualidade de vida (O que é..., 2016). Ainda assim, a maior beneficiária de uma atividade de coaching bem-sucedida é a própria empresa. Oportunamente você poderá observar que a proposta do coaching educacional é diferente: o maior beneficiado é o aluno.

2.4 Razões que levam um profissional ao coaching

Para participar de uma atividade de coaching, é essencial que o coachee saiba exatamente o que deseja alcançar com o processo. Considera-se que o principal motivo dessa procura é a necessidade que a maioria dos profissionais identifica em investir continuamente na carreira.

Tendo em vista o papel do coachee no processo, é necessário que ele desenvolva uma atitude proativa, característica fundamental em programas de autodesenvolvimento pessoal e profissional. Isso porque o coaching exige certo grau de independência do coachee, além de a proatividade ser uma qualidade desejada no ambiente corporativo.

atividade

A importância da adoção de atitudes proativas exige que você realize uma breve pesquisa sobre o tema, a fim de ampliar a definição aqui colocada, com eventuais recomendações sobre como incentivar a proatividade nas empresas.

Há uma série de vantagens derivadas da utilização do coaching executivo, conforme exposto a seguir.
- Conhecer de forma mais aprofundada seu próprio perfil profissional e os eventuais talentos que poderiam ser levantados e trabalhados durante o processo.

- Trabalhar e superar crenças e aspectos que podem prejudicar a evolução profissional, como normalmente ocorre nas situações de coaching.
- Perceber, por meio da utilização de diferentes dinâmicas, o ambiente em que se trabalha e seu posicionamento no interior da estrutura organizacional, sem se preocupar com o papel desempenhado por outras pessoas. Em síntese, o profissional aprende a cuidar de si próprio e a respeitar os demais colaboradores.
- Aprender que cada um é dono de suas próprias atitudes e também o responsável único pelas consequências de suas decisões.
- Adquirir disciplina em seu comportamento profissional.
- Aprender a ouvir e a compreender a importância que essa atitude poderá ter no aumento da capacidade da percepção dos problemas que a empresa sofre ou poderá vir a sofrer.
- Tornar-se um negociador mais eficaz.
- Operar em um nível mais profundo aspectos da inteligência emocional.
- Aprender a atuar na gestão de conflitos.

atividade

Analise os itens colocados na lista anterior e anote alguma vantagem adicional que possa ser considerada importante nesse contexto.

2.5 Cuidados a serem tomados ao se utilizar o coaching

Esta seção trata mais especificamente dos responsáveis pelos departamentos ligados à gestão de pessoas. Ao optar pela implantação do coaching executivo, a empresa deve ocupar-se dos seguintes pontos:
- Definir claramente o que pretende obter do coacher contratado.

- Investir na procura e na localização de um modelo de coaching que seja adequado à empresa e ao contexto no qual ele será aplicado. A atividade de coaching é um sistema aberto, ou seja, que sofre influência do ambiente externo.
- Basear a formação da equipe de profissionais envolvidos com a proposta de coaching em um portfólio que descreva as atividades a serem exercidas tanto pelo coacher quanto pelo coachee. Essa proposta não admite falta de planejamento e de experiência dos responsáveis pelo processo, visto que eles estão direcionando a vida e a carreira de outras pessoas.
- Deixar a escolha do objetivo da atividade a cargo do próprio colaborador. No coaching, a empatia é um dos principais fatores influentes no sucesso da atividade.
- Contar com o apoio do *big data* e da atividade *analysis* para conseguir obter e registrar o retorno dos colaboradores em todas as atividades desenvolvidas.
- Iniciar com os níveis seniores, visando evitar a perda de zona de conforto por parte das chefias intermediárias e mais próximas dos setores estratégicos. Se o orçamento da empresa permitir, os níveis subordinados podem participar posteriormente do processo.
- Formar o coacher interno com base nas iniciativas de coaching, o que poderá ter como objetivo exatamente a proposta de formação de outros profissionais voltados para a atividade de coacher.
- Registrar tudo e gerenciar o processo de forma a assegurar a consistência do registro dos resultados.
- Manter intacta a cultura da organização, orientando o coacher externo a esquecer durante o processo todas as crenças e comportamentos que não estejam de acordo com ela.

atividade

Analise a lista apresentada no parágrafo anterior e, com base em sua experiência ou no resultado de seus estudos, relacione outros cuidados que você julga importantes.

Muitas das atividades de coaching desenvolvidas têm origem em pesquisas de mercado encomendadas ou obtidas por algum processo de inteligência competitiva.

Caselato (2017) aponta, tendo em vista a área de gestão de pessoas, a existência de insatisfação por parte dos colaboradores de empresas atuantes no mercado atual, posicionando-se sobre as razões para essa insatisfação. De maneira geral, o panorama de uso do coaching indica que algo está errado na forma como as empresas conduzem o relacionamento patrão-empregado na sociedade contemporânea.

Diante de tal cenário, ocorre, em algumas empresas, a proposta de transformar o gestor em um coacher, o qual deve auxiliar o colaborador a atingir seus objetivos, em consonância com os objetivos estabelecidos pela estratégia empresarial. Nesse sentido, a reação de "Não tenho tempo!" deve ser combatida. Afinal, quanto mais o coacher conhece o contexto da empresa e o comportamento de seus colaboradores, maiores as chances de sucesso da atividade de coaching.

2.6 Os resultados das atividades de coaching

Apesar do alto custo desse tipo de atividade, as empresas pensam em investir no processo devido aos resultados que ele pode apresentar, como:
- aumento nos lucros e nas metas do negócio;
- retenção de talentos e redução do *turnover*;
- aproximação entre patrão e empregado, entre chefias intermediárias e subordinados e dos colaboradores entre si;
- recuperação do amor-próprio por parte dos funcionários;
- aprendizado de como trabalhar com os desejos e as vontades dos colaboradores;
- retorno no investimento;
- melhoria do clima organizacional.

Ao se atingir esses resultados, o nível de trabalho e de produtividade pode ser aumentado sem provocar estresse, como ocorre quando a exigência de máximo desempenho acontece.

Uma pesquisa desenvolvida pela revista *Fortune* indica um elevado Retorno de Investimento (ROI) em atividades de coaching:

Melhor relacionamento com seus subordinados: 77%
Melhor relacionamento com seu superior: 71%
Melhor relacionamento com seus pares: 63%
Aumento do nível de satisfação com o trabalho: 61%
Aumento de comprometimento com a organização: 44%

Fonte: Instituto de Coaching Corporativo Do Brasil, 2017.

Os resultados relatados nesse estudo não podem ser ignorados quando se avalia que a melhoria do clima organizacional é um dos caminhos para que a formação de equipes possa atingir níveis de melhoria de desempenho significativos.

atividade

Analise os resultados apresentados nas listas anteriores e, se julgar necessário, inclua outros itens.

De acordo com relatos de resultado e retorno – aferidos com a utilização de processos de avaliação de resultados, em estudos de ROI –, em nível corporativo, quando a atividade de coaching se torna rotineira na estrutura de formação de pessoas, os resultados obtidos na busca interna de liderança melhoram significativamente (Gaspar; Portásio, 2009).

O benefício proporcionado não ocorre apenas na formação de líderes, mas também na aceitação das lideranças. Afinal, o processo serve também para conscientizar que os líderes podem representar uma forma de coaching interno, desenvolvido de forma natural, com a atividade incorporada na cultura da empresa.

O paradigma da organização que aprende (Senge, 2013) passa a ter um retorno mais eficiente devido ao aumento da capacidade de relacionamento entre as pessoas. A comunicação interpessoal, colocada como um destaque na formação profissional – podendo até mesmo ser objeto de atividades de coaching –, normalmente traz resultados positivos.

Assim, as atividades de coaching podem ocasionar o aumento nos níveis de cooperação de modo geral e de colaboração no interior dos grupos formados para solução de problemas operacionais pontuais.

Glossário

Analysis: Atividade desenvolvida pelos analistas de dados, que recolhem dados no mercado e, por meio de um trabalho extensivo de tratamento, transformam-nos em informações utilizáveis na tomada de decisão.

Aprender a aprender: Estratégia educacional para orientar o aluno a descobrir a maneira pela qual ele aprende melhor, o que envolve estudos psicológicos e neurológicos relacionados às formas individuais como o ser humano aprende (Delors, 1998). Esse conceito é analisado em alguns trabalhos, entre os quais está o relatório de Delors (1998), atualmente oferecido em domínio público.

Aprender fazendo: Estratégia educacional que utiliza práticas intensivas de efetivação de atividades práticas, imediatamente seguidas a algum processo de aquisição de novos conhecimentos, para fixação da aprendizagem (A prática..., 2013).

Aprender pelo erro: Estratégia educacional em que o aluno desenvolve sua aprendizagem utilizando uma proposta de tentativas e erros, até atingir o resultado final esperado (Munhoz; Martins, 2015). Trata-se, atualmente, de uma carência nos processos de ensino-aprendizagem nos ambientes tradicionais, mas que está presente e é bem aceita em ambientes enriquecidos com a tecnologia.

Atitude proativa: Comportamento em que o funcionário se antecipa diante de determinado problema, responsabilizando-se por sua solução. Gonçalves (2017) considera que colaboradores proativos não esperam que o pior venha a acontecer, atacando situações inesperadas de forma imediata.

Big data: Grande repositório de dados criado com base em atividades de captação e armazenamento de dados (Taurion, 2015).

Blended learning (b-learning): Também denominado *aprendizagem híbrida*, trata-se de um processo de ensino-aprendizagem que mescla os ensinos presencial e não presencial (Munhoz, 2016c). Pode ser considerada a forma de educação do futuro.

Chief Learning Officer (CLO): Profissional responsável pelo levantamento das necessidades de formação profissional que visa identificar as competências e as habilida... ...ssárias ao perfeito desenvolvimento de funções operacionais, administrativas ou estratégicas (Fayad, 2015).

Clima organizacional: Forma de relacionamento cooperativo e amigável criado no interior de departamentos. Essa estratégia geralmente deixa o colaborador satisfeito em trabalhar na empresa, algo que pode refletir no aumento de sua produtividade (Gil, 2001). Gil (2001) considera importante a manutenção de um bom clima organizacional em qualquer tipo de organização, o que pode ser estendido para ambientes virtuais e grupos organizados como equipes. Nesse sentido, entendemos o termo *departamento* como sinônimo de *grupos* e *turmas* formados no ambiente educacional.

Colaboração: Atividade que reúne grupos de pessoas com interesses comuns, que passam a desenvolver um trabalho conjunto a fim de encontrar soluções para um problema considerado relevante (Winckler; Molinari, 2011). De acordo com Winckler e Molinari (2011), o termo é erroneamente considerado sinônimo de *cooperação*. É uma das estratégias educacionais mais eficientes em cursos ofertados em ambientes virtuais de aprendizagem (AVA).

Comunicação interpessoal: Melhoria do processo de comunicação de um colaborador com os seus pares e com as chefias intermediárias e estratégicas na empresa, sendo desejável o incentivo à sua efetivação (Cardozo; Silva, 2014). Essa definição pode ser adequada aos ambientes de ensino-aprendizagem.

Educação aberta: Iiyoshi e Kumar (2008) apontam algumas características que definem a educação aberta – o estudante tem liberdade de decidir o que, onde, como e em que horários irá desenvolver a atividade de ensino-aprendizagem; a aprendizagem independente orienta o comportamento do aluno no ambiente; a não cobrança de taxas pela instrução, mas apenas por certificações (quando elas forem desejadas pelo aluno); o acesso à educação é democratizado; não há vestibulares; a acessibilidade é total; e as práticas pedagógicas estão centradas no aluno.

Eletronic learning (e-learning): Aprendizagem eletrônica que acontece com a utilização extensiva do AVA (Munhoz, 2016c). Nessa perspectiva, a forma mais eficaz de efetivação ocorre com a adoção da aprendizagem independente. Vale ressaltar que esse é um dos ambientes preferidos para o coaching educacional.

Formação permanente e continuada: Processo que leva o profissional a ampliar seu tempo de estudo, pois deixa-se de considerar o tempo utilizado na educação formal como suficiente para fornecer as competências e habilidades necessárias ao desenvolvimento, tendo em vista o elevado nível de competitividade no mercado (Silva, 2014).

Inteligência competitiva: Processo de espionagem industrial desenvolvido nas grandes redes (Hilsdorf, 2010), efetivado por uma pessoa ou uma equipe que observa constantemente as publicações da concorrência (voyeurismo digital). A finalidade é tomar conhecimento do que a concorrência irá fazer, a fim de antecipar sua efetivação e ganhar a disputa pelo mercado.

Inteligência emocional: Capacidade de lidar e reconhecer os próprios sentimentos e os sentimentos das outras pessoas (Goleman, 2011). Essa habilidade pode ser desenvolvida por meio de programas de formação voltados especificamente para tal objetivo.

Massive Open Online Courses **(MOOCS):** Nova abordagem do processo de ensino-aprendizagem apoiada na proposta da educação aberta. Nessa perspectiva, o aprendiz não necessita de experiência anterior ou acompanhar um cronograma previamente estabelecido, nem efetuar pagamentos pelo conhecimento adquirido – a menos que necessite de certificação (Munhoz, 2016b).

Mercado autofágico: Mercado em que as empresas se digladiam sem levar em consideração os princípios éticos, visto que estão voltadas para a destruição da concorrência (Lombardi; Sanfelice, 2007). Essa expressão é apontada em diferentes pesquisas como uma indesejável situação de competitividade no mercado corporativo.

Mobile learning (m-learning): Cursos com apoio integral oferecidos via dispositivos móveis, o que permite ao aluno desenvolver suas atividades no horário e no local que desejar (Munhoz, 2016c).

Organização que aprende: Disseminação interna dos conhecimentos adquiridos de forma individual que mudou radicalmente a cultura organizacional das empresas (Senge, 2013). Essa é a proposta da quinta disciplina, caracterizada por Senge (2013) como uma aprendizagem desenvolvida em equipe, que conta com um grande número de empresas que conseguem obter resultados significativos e, consequentemente, tornam-se modelos para outras empresas.

Pensamento crítico: Cerullo e Cruz (2010) adotam uma perspectiva interessante sobre o pensamento crítico, baseada em pesquisas sobre o trabalho de enfermeiros. Nessa vertente, o pensamento crítico não é encarado como um método a ser aprendido, mas como um processo, uma orientação da mente que incorpora os domínios afetivo e cognitivo. Essa definição pode ser completada se considerarmos o pensamento crítico como o produto de um julgamento sobre algum objeto de estudo, por meio do qual serão propostas reflexões que questionem ou legitimem sua validade dentro de um contexto. Na atualidade, o pensamento crítico é necessário como forma de escolher, entre muitas informações sem valor – visto o grande volume de dados colocados diariamente na rede –, aquelas que podem auxiliar no desenvolvimento de trabalhos e pesquisas científicas.

Processo maiêutico: Processo utilizado por Sócrates para conduzir o homem à busca pela verdade interior. Sócrates levava seus interlocutores a questionarem o seu próprio conhecimento sobre determinado assunto e a encontrarem sozinhos soluções para suas dúvidas (Rodrigues, 2017).

Retorno de Investimento (*Return on Investment* – ROI): Série de técnicas administrativas para se obter o quociente da relação entre dinheiro ganho e perdido em um investimento, levando-se em consideração o montante investido. Em síntese, o ROI identifica o sucesso ou o insucesso na remuneração do capital aplicado (ROI, 2017).

Sistema aberto: Sistema que sofre a influência direta, em diversos níveis, de fatores externos, os quais podem provocar mudanças de reação em determinado ecossistema (Rennah, 2009). Não levar isso em consideração pode ocasionar falhas, algumas até mesmo inexplicáveis.

Sobrecarga cognitiva: Barbosa (2011) desenvolve uma análise do comportamento humano nas redes sociais e considera que o elevado volume de informações disponíveis podem trazer uma sobrecarga cognitiva, de modo que, se o aluno capta um volume maior de informações do que pode processar no tempo que tem disponível, pode desenvolver problemas emocionais.

Turnover: Processo de rotatividade que apresenta o percentual de substituição de pessoal em uma empresa. O índice é considerado por alguns estudiosos da área de gestão de pessoas como um indicador da saúde organizacional (Turnover, 2017).

Ubiquitous learning (u-learning): Também chamado de *aprendizagem ubíqua*, trata-se de uma forma de aprendizagem que surgiu com o advento dos dispositivos móveis e da velocidade dos acontecimentos na sociedade contemporânea, em que as pessoas podem aprender em diversos lugares ao mesmo tempo.

Universidades corporativas: Instituições que substituem (com vantagens) os antigos departamentos de T&D ou os complementa (Eboli, 2004). Tal instrumento é utilizado com sucesso para prover competências e habilidades complementares às pessoas, as quais, por qualquer razão, não foram adquiridas durante o processo de educação tradicional.

Saiba mais

Para saber mais sobre os temas abordados neste capítulo, sugerimos a seguir três textos para leitura e algumas atividades.

Leitura	Proposta de atividade
MOTTER JUNIOR, M. D. A dimensão do sucesso em coaching: uma análise do contexto brasileiro. 82 f. Dissertação (Mestrado em Administração) – Escola Brasileira de Administração Pública e de Empresas, Fundação Getulio Vargas, Rio de Janeiro, 2012. Disponível em: <http://bibliotecadigital.fgv.br/dspace/handle/10438/9952>. Acesso em: 5 dez. 2017.	Leitura complementar.
EBOLI, M. Educação corporativa no Brasil: mitos e verdades. Brasília: Gente, 2004.	Com base no texto sugerido para leitura, elabore um resumo.
HAMZE, A. A profissão de ser professor. Disponível em: <http://educador.brasilescola.uol.com.br/trabalho-docente/professor.htm>. Acesso em: 20 dez. 2017.	Após a leitura, procure produzir um artigo de opinião sobre o assunto.

Questões para revisão

1. Quais as principais razões para que o mercado apresente características autofágicas?
2. Indique algumas razões que justifiquem a evolução dos MOOCS na formação de profissionais no mercado contemporâneo.
3. Qual é a importância da melhoria da comunicação interpessoal entre os colaboradores de determinada empresa?
4. Que benefícios você enxerga na organização que aprende? Para responder a essa pergunta, leve em consideração a conceituação adotada por Senge (2013).
5. Qual a influência do coaching na melhoria do clima organizacional da empresa?

A IES na qual você trabalha oferta cursos na modalidade EaD. No entanto, como algumas turmas apresentam mais de três mil alunos, a IES solicitou à sua equipe a criação de uma estrutura em pirâmide, a fim de melhorar a qualidade do atendimento tutorial. Sua equipe foi criada para desenvolver um projeto para que cada tutor atenda no máximo 20 alunos.

Tendo em vista a situação apresentada, devolva um relatório de estudo contendo uma solução para o problema proposto. Que proposta você e seu grupo apresentariam?

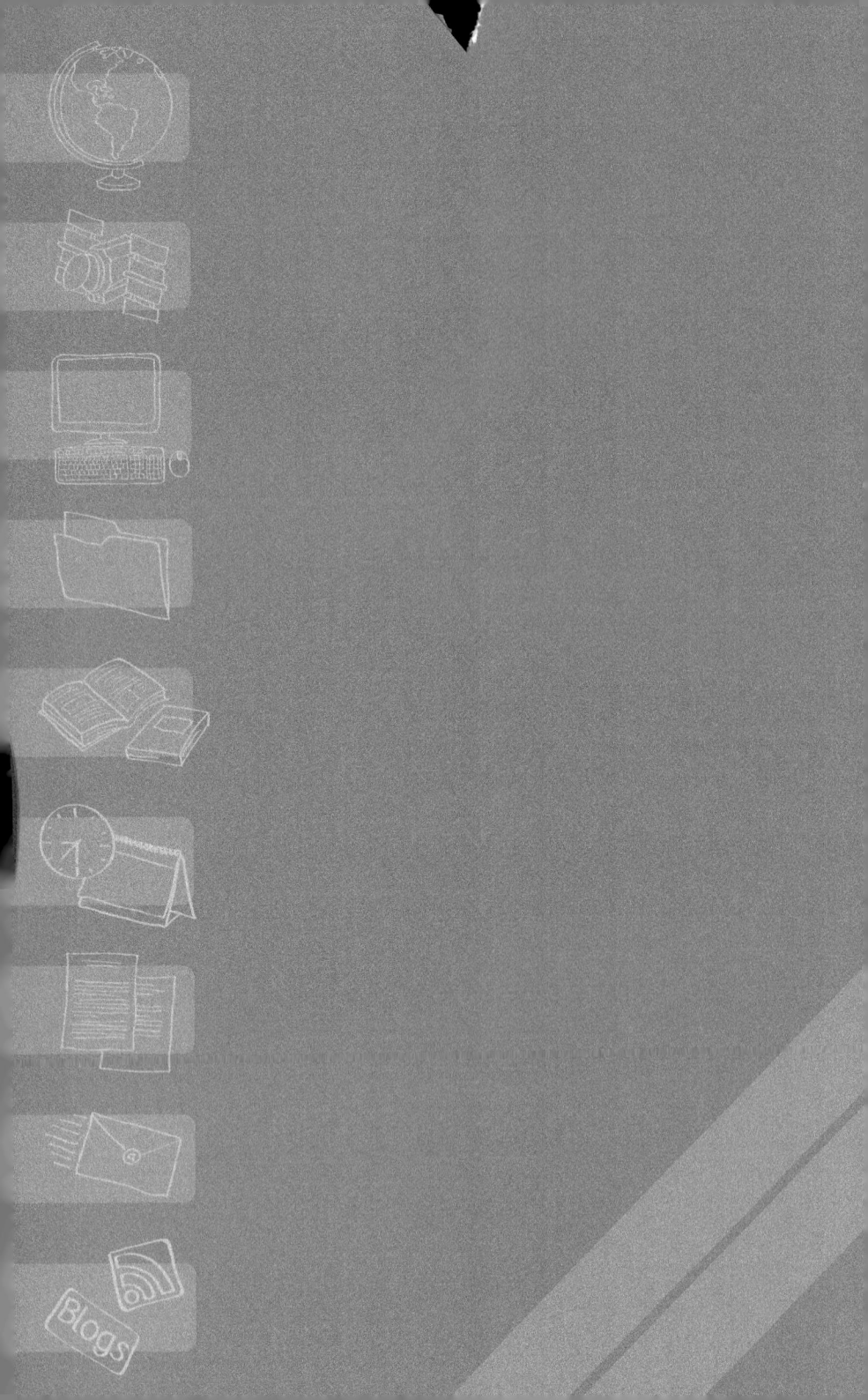

Capítulo 03

O coaching educacional

No capítulo anterior, apresentamos o conceito geral de coaching, particularizado em sua aplicação a executivos de empresas do mercado corporativo. Apesar de manter sua essência, o coaching apresenta uma diferença primordial ao ser utilizado no ambiente educacional: sua aplicação. Tendo isso em vista, o coaching educacional será mais bem compreendido quando analisarmos o perfil do professor e do aluno. Antes disso, no entanto, é importante salientar algumas particularidades que diferem o contexto educacional do contexto corporativo.

3.1 Análise Fofa[1] do processo

Bastos (2014) considera a análise SWOT (em português, *análise Fofa*) uma matriz que é montada para validar novas propostas de adoção de metodologias inovadoras, por meio da qual são analisadas as possíveis reações do mercado e do público-alvo.

Ao se propor a utilizar o coaching educacional, a Instituição de Ensino Superior (IES) deve desenvolver um estudo de mercado (análise Fofa) com seus alunos, a fim de verificar a aplicabilidade da metodologia com base nas características do público-alvo que visa atingir.

Observe a seguir os itens que compõem a análise Fofa.

---

1 Força, oportunidade, fraqueza, ameaça.

- A força está na possibilidade de obtenção de um elevado grau de comprometimento, que deve ser colocado em destaque.
- A oportunidade está na recuperação da riqueza do relacionamento entre professores e alunos.
- A fraqueza está na não efetivação da proposta em toda a sua abrangência, o que a torna apenas uma propaganda enganosa. Isso foi observado no ambiente educacional quando os preceitos das teorias de aprendizagem nunca eram aplicados.
- A ameaça está na falta de propósito, de comprometimento, de saber priorizar o que realmente é importante e na ausência de relacionamento de boa qualidade com os professores.

Ao se salientarem os elementos elencados e se realizar o que o método exige, fica mais evidente o caminho para a efetivação da metodologia do coaching educacional, que deve contar com o comprometimento ativo dos envolvidos: alunos, professores e instituição de ensino.

3.2 Os principais problemas encontrados nos ambientes de ensino

Até o momento, focamos mais no coaching executivo, o que nos permitiu verificar a possibilidade de melhora nos relacionamentos interpessoais com a aplicação sistemática desse processo nas empresas. No caso da comunicação no ambiente educacional, essa melhora é um dos principais objetivos a ser atingido.

Na atualidade, é possível observar certo desencanto no relacionamento entre professor e aluno, algo que pode ser altamente prejudicial. Há casos em que a alta desistência de alunos em atividades de aprendizagem ocorre por falta de motivação, peça fundamental para o desenvolvimento da aprendizagem independente. É válido ressaltar que isso ocorre porque geralmente não há preocupação com o nível de satisfação do aluno.

Um estudo publicado pela Universidade Federal de Alagoas (Ufal) confirma o nível de desistências com dados desalentadores: um em cada cinco alunos que iniciam suas atividades de aprendizagem desiste de continuar seus estudos antes do final do primeiro ano (Saiba..., 2011). Esses dados também servem como um indicativo de que o número de alunos formados é inferior ao de alunos que iniciam seus estudos universitários.

atividade

Leia o texto a seguir e indique outras razões que contribuem para o aumento do índice de desistência.

CABRAL, F. M. S.; CARVALHO, M. A. V. de; RAMOS, R. M. Dificuldades no relacionamento professor/aluno: um desafio a superar. Paidéia, Ribeirão Preto, v. 14, n. 29, p. 327-335, 2004. Disponível em: <https://www.revistas.usp.br/paideia/article/view/6198/7729>. Acesso em: 27 nov. 2017.

Outro problema encontrado no ambiente acadêmico é o abandono dos alunos, pois parece haver uma confusão entre os conceitos de *aprendizagem independente* e de *estudar sozinho*. O autoestudo não prevê o abandono do estudante, e sim que ele seja adequadamente orientado para procurar os caminhos que lhe permitam tornar-se um solucionador de problemas. Para isso, além da tutoria e dos trabalhos desenvolvidos com o coaching educacional, o aluno pode contar com o apoio das comunidades de aprendizagem e das redes sociais.

Os resultados que podem ser obtidos com a implantação do coaching nesse segmento também podem ser positivos, a exemplo do que se observou no coaching executivo. No coaching educacional, a afetividade e a empatia entre o coacher e o coachee estão entre os elementos que levam ao sucesso da iniciativa. Tendo isso em vista, é necessária a adoção de novos comportamentos e atitudes dos envolvidos na atividade.

A primeira mudança necessária no perfil do professor[2] é abandonar uma postura adotada na educação jesuítica: a de que o professor detém o conhecimento e deve repassá-lo ao aluno de forma assistencialista. Isso deve ser observado principalmente no ensino de jovens e adultos (EJA), cujos propósitos são diferentes daqueles apresentados pelos estudantes nas séries iniciais, principalmente por haver certa resistência à aplicação da andragogia nessa modalidade.

Nesse contexto, a aplicação de atividades de coaching pode trazer melhores resultados para as atividades de ensino-aprendizagem em diversos níveis de ensino.

3.3 A forma de encarar alunos jovens e adultos

Para o professor tradicional, apresentar soluções prontas para os problemas propostos pelo aluno ou por ele próprio revela-se uma tendência natural, resultante do assistencialismo que ele sempre desenvolveu e que também recebeu em seu próprio processo de aprendizado. Tal tendência, entretanto, deve ser evitada. Para isso, é necessário que o professor adote uma nova postura ao ajudar aluno a identificar o problema que ele quer solucionar.

A colocação de perguntas abertas e a criação de problemas que não apresentem soluções pontuais únicas – ainda que seja uma tarefa mais complexa –, substituem as formas tradicionais de entrega de conteúdo e de avaliação de crescimento intelectual. Tudo isso pode ser substituído, quando se utiliza o coaching no ambiente educacional, por uma simples pergunta: Em que contexto esse conhecimento pode ser aplicado?

Ao adotar estratégias próprias de uma atividade de coaching, o professor tacitamente assume a responsabilidade de aceitar o comportamento do aluno e de avaliar seu progresso com um envolvimento pessoal, algo que não é comum

---

2   As competências e habilidades desse profissional exigidas pelo mercado serão apresentadas de forma mais detalhada no Capítulo 5.

nos ambientes tradicionais de ensino-aprendizagem. Ao sugerir essa mudança de comportamento, o coaching educacional se revela como uma abordagem inovadora.

atividade

Em um artigo de opinião, analise os novos comportamentos sugeridos aos docentes e as formas como eles podem ser desenvolvidos efetivamente. Para isso, sugerimos a leitura do artigo a seguir, referente à área da enfermagem, que aborda a série de cuidados a que os licenciandos estão sujeitos.

FARIA, J. I. L.; CASAGRANDE, L. D. R. A educação para o século XXI e a formação do professor reflexivo na enfermagem. Revista Latino-Americana de Enfermagem, Ribeirão Preto, v. 12, n. 5, p. 821-827, set./out. 2004. Disponível em: <https://www.revistas.usp.br/rlae/article/view/1947/2012>. Acesso em: 29 nov. 2017.

Há estudos que se concentram na hipótese de que o coaching é benéfico na atividade de ensino-aprendizagem desenvolvida em ambientes enriquecidos com a tecnologia. Entre os pesquisadores da área estão Silva (2010), Santos (2012), Santos e Francisco (2013) e Santos e Boruchovitch (2011), que destacam a importância da adoção do coaching educacional na atualidade.

Os pesquisadores citados revelam que, ao se aceitar que os alunos assumam a responsabilidade compartilhada de aprendizagem e busquem por si próprios a criação e a solução de problemas relevantes e significativos para a aprendizagem, o professor torna-se menos prescritivo em suas atitudes em relação aos alunos.

Quando isso acontece e os ambientes têm essa característica, pesquisas desenvolvidas sobre o grau de satisfação dos alunos com relação ao processo de ensino-aprendizagem revelam que eles se sentem mais responsáveis por sua aprendizagem, sendo essa a justificativa necessária para que a adoção do coaching seja efetivada nos ambientes de ensino-aprendizagem. Assim, derruba-se um incompreensível fator de resistência relacionado à capacidade de os alunos apresentarem, em razão de sua experiência de vida, alternativas diferentes daquelas que o professor defende para a solução de um problema, podendo essas alternativas apresentar funcionalidade até maior em determinados contextos.

3.4 A primeira experiência de coaching

Todas as pessoas, mesmo que inconscientes disso, já passaram por um coacher educacional, visto que seus pais ou responsáveis desenvolveram esse papel no processo de educação. Se você comparar todas as qualidades desejadas para um coacher (que você irá conhecer no Capítulo 5) com o que os pais oferecem a seus filhos, perceberá a proximidade de papéis. Afinal, o objetivo dos pais é auxiliar o filho a se desenvolver de forma integral e satisfatória – princípio fundamental de todas as atividades de coaching.

O coaching educacional pouco difere do coaching executivo em sua fundamentação teórica. Além da diferença de contexto, alguns puristas consideram que o coaching educacional apresenta finalidades sociais destacadas em relação às finalidades comerciais que direcionam, em uma primeira instância, as atividades corporativas.

O coaching executivo surgiu no Brasil nos idos dos anos 1980, enquanto o coaching educacional se estabeleceu a partir de 2011, época em que começou a ser ativamente utilizado no setor de educação em instituições internacionais. No meio educacional, poucas são as iniciativas, as pesquisas, os livros e os materiais didáticos sobre o assunto. Santos (2012) aponta essa deficiência como um dos vazios no campo editorial, principalmente quando entram em questão os benefícios que essa metodologia poderia trazer em termos de aplicação de novas metodologias no campo do ensino e da aprendizagem.

A concepção mais comum do coaching educacional aponta para os fatos de a atividade se concentrar no futuro, ter como proposta ajudar o aluno a encontrar o seu próprio caminho e propugnar a igualdade entre o coacher e o coachee. Com base nisso, qualquer outra definição leva em consideração aspectos particulares, todos oscilando no entorno dessa definição original. Portanto, recomenda-se que, partindo dela, o aluno se concentre na construção de sua conceituação particular.

atividade

Tente elaborar sua própria definição de *coaching educacional* tendo como base suas próprias experiências e os estudos que você pesquisar desenvolvidos na área.

Santos (2012) propõe o uso de uma tabela para o desenvolvimento de programas de coaching. Esse documento recebe a designação genérica de *registro da reflexão*, podendo ser montado de forma geral ou para cada aspecto de reflexão conjunta entre o coachee e seu coacher.

É um documento de preenchimento simples e para o qual Santos (2012) coloca diferentes exemplos. O quadro a seguir é proveniente de um exemplo real, adotado pelo autor em um curso de acompanhamento de monografias para um curso de pós-graduação em tecnologia da informação. O preenchimento é livre e os sete pontos de reflexão funcionam como ponto de partida. Além disso, novos pontos podem ser incluídos e os pontos assinalados podem ser excluídos, dependendo do propósito. Não há uma estruturação para sua construção.

Quadro 3.1 – Registro de reflexões

O quê?	Seminário: aprendendo a desenvolver um artigo científico.
Por quê?	Os professores reclamavam que poucos alunos sabiam desenvolver um trabalho científico de acordo com as normas e o rigor exigido pelo método científico.
Para quem?	Alunos do curso de pós-graduação em Tecnologia da Informação.
Para quê?	Mostrar para os alunos que eles próprios têm condição de desenvolver seu Trabalho de Conclusão de Curso (TCC), sem a necessidade de acompanhamento constante de um orientador.
Como fiz?	Montei um pequeno programa com um tutorial apresentando a divisão adotada pela IES que estava oferecendo o curso, somado a um programa que estruturava um documento desenvolvido em Word® de acordo com as exigências, normas e recomendações dadas pela coordenação da IES em foco.

(continua)

(Quadro 3.1 – conclusão)

Quando?	O trabalho foi desenvolvido em setembro de 2012.
Pergunta-chave	O que os alunos conseguiram aprender com esse seminário? Essa resposta foi fornecida por todos os participantes, entre os quais estavam três professores (três), o coordenador e o gestor de EaD.
Palavras-chave	Organização do trabalho científico; metodologia da pesquisa; formatação do documento; uso de referências de acordo com as normas ABNT.

Fonte: Elaborado com base em Santos, 2012.

Depois desse seminário, os alunos foram deixados sob orientação *on-line*, desenvolvida por meio de videoconferências (com o uso do *software* Skype®). Após isso, eles obtiveram independência na produção do Trabalho de Conclusão de Curso (TCC), pesquisa que poderia ser desenvolvida por equipes compostas por até três alunos.

A atividade de coaching teve sucesso e todos os alunos conseguiram desenvolver, de forma independente, os seus relatórios, submetidos antes da entrega a um processo de revisão pelos orientadores do TCC.

Como resultado desse protótipo, algumas definições voltadas ao coaching executivo sofreram pequenas modificações e o coaching educacional foi definido em um guia para os professores.

3.5 Características do coaching educacional

Existem algumas técnicas no mercado que diferem entre si, razão pela qual preferimos, antes de nos referirmos a alguma técnica específica, apontá-las de forma separada.

De acordo com Santos (2012), o coaching apresenta as seguintes técnicas:

- Propõe um novo paradigma voltado à motivação do aluno, fazendo com que ele acredite que tem capacidade para resolver por si mesmo os problemas que considerar úteis ao seu aprendizado.
- É uma proposta rica em significado, principalmente por ter entre seus objetivos a recuperação do bom relacionamento entre os agentes educacionais, considerado perdido devido ao desencanto demonstrado pela geração digital diante dos métodos tradicionais de ensino-aprendizagem.
- É uma proposta que consegue estabelecer o desenvolvimento de trabalhos em grupo, em torno de temas comuns desenvolvidos de forma colaborativa.
- É uma proposta na qual o próprio aluno, em conjunto com seu coacher, estabelece as condições em que a atividade de ensino-aprendizagem irá ocorrer.
- É uma proposta que traz embutidas diversas ideias pedagógicas de valor para o aluno (aprender a aprender, aprender pela pesquisa etc.) e propõe a utilização de metodologias inovadoras (gamificação, salas de aula invertidas, conectivismo etc.).
- É uma proposta exigente, mas que traz vantagens quando atendida, como a cooperação, o espírito de equipe e outros aspectos psicológicos que resgatam o amor-próprio e valorizam o aluno.
- É uma proposta que trabalha conteúdos relevantes para o aluno e dá significado à atividade de ensino-aprendizagem.
- É uma proposta que incentiva a criatividade, a inovação e a iniciativa, visto que não trabalha de forma coercitiva, e sim com liberação da proposta do aprender pelo erro.
- É uma proposta que dá ao aluno o senso de protagonismo, pelo qual ele se mostra como participante ativo do processo de ensino-aprendizagem, e não mais apenas como um receptor de conhecimentos acabados, como na superada perspectiva da educação bancária.

Diante de tantas vantagens, é normal questionar o motivo de a técnica não ser devidamente aplicada. Além do alto valor dos custos, mencionado anteriormente, há alguns grupos de professores que consideram ineficientes diversas das novas metodologias aplicadas em educação, além de não reconhecerem que os ambientes enriquecidos com a tecnologia se adéquam melhor ao novo cenário e ao processo de comunicação entre os agentes educacionais envolvidos na atividade de coaching.

> **atividade**
>
> Analise a questão da aceitação do coaching educacional pelos docentes e anote suas reflexões em seu diário de bordo, a fim de complementar a atividade anterior sobre a definição de *coaching educacional*.

3.6 Etapas de aplicação do coaching educacional

Para aplicar de maneira eficiente o coaching educacional, em primeiro lugar, é necessário determinar o contexto no qual ele será aplicado, visto que, como um sistema aberto, ele sofre os efeitos do ambiente externo. Ao se criar um protótipo para a aplicação desse processo, deve-se levar em consideração que as condições podem variar de acordo com o contexto, o que exige que esse ambiente esteja definido de forma clara.

Em segundo lugar, é importante a formação do coacher. A atividade de coaching, ainda que não limite a criatividade, não admite a improvisação. Assim, o coacher deve saber exatamente para o que deve estar preparado.

Em terceiro lugar, é importante que o aluno saiba o que se espera de sua atuação, caso ele se coloque como um coachee e se disponha a atender as sugestões e orientações do coacher.

A partir disso, é possível entrar nas três etapas que antecedem a implantação da atividade de coaching educacional: o planejamento, a forma de condução e a avaliação do resultado obtido. Você irá acompanhar cada uma dessas etapas nos capítulos seguintes.

Glossário

Andragogia: Hamze (2017) relaciona o termo à educação de jovens e adultos, que deve ser diferente da que ocorre nas séries iniciais. Esses alunos, amadurecidos por suas experiências de vida, esperam dos professores um comportamento de facilitador da aprendizagem. Além disso, eles têm necessidade de saber por que estão aprendendo determinado conteúdo e de desenvolver a aprendizagem de forma independente, além de estarem apoiados em aspectos motivacionais internos diferenciados.

Aprender pela pesquisa: Estratégia educacional na qual o aluno, em atividade de estudo independente, identifica e escolhe fontes confiáveis para o desenvolvimento de seus trabalhos acadêmicos (Demo, 2008). Professores que utilizam essa técnica ressaltam que ela dá ao aluno a oportunidade de ressignificar sua prática discente e se tornar mais confiante.

Artigo científico: Severino (2007) considera esse elemento como um documento que contém o relato de experiências desenvolvidas por alunos ou pesquisadores. Esse documento deve ser elaborado com rigor científico e obedecer a um conjunto de regras previamente estabelecidas.

Chat: Forma de comunicação textual desenvolvida entre duas ou mais pessoas a distância, realizada por meio de computadores ou dispositivos móveis. Entre suas características estão a ocorrência da conversa em tempo real e a possibilidade de inserção de vídeo como parte integrante (Munhoz, 2016c).

Conectivismo: Siemens (2006) e Downes (2007) apresentam a proposta como uma nova teoria de aprendizagem, levando em conta o uso de tecnologias na mediação entre os agentes educacionais na contemporaneidade. Essa teoria é a mais próxima da geração digital, principalmente por considerar o conhecimento relacionado à dimensão social, e não individual, podendo sua captação ser potencializada pela interação do indivíduo nas redes sociais.

Cooperação: Atividade de ajuda ligada ao relacionamento entre as pessoas. Winckler e Molinari (2011) pontuam que esse termo é erroneamente considerado sinônimo de *colaboração*. No entanto, as pessoas envolvidas na cooperação não estão ligadas por alguma obrigação, como ocorre na colaboração, em que as pessoas estão ligadas por um interesse comum. A cooperação é desinteressada e ocorre sem planejamento.

Educação bancária: Termo referente ao método tradicional de educação. Diniz Filho (2013) considera que a recorrência dessa situação criou um estereótipo do aluno como receptor passivo, algo similar a um banco no qual os professores depositam seu conhecimento, sem que nada tenha sido feito pelo aluno por essa aquisição.

Educação jesuítica: Método tradicional que costumava ser adotado na formação de pedagogos, conforme sinaliza Klein (1997). No entanto, essa prática não sofreu mudanças significativas, ou seja, as mudanças exigidas na ação e na prática docente, necessárias em ambientes enriquecidos com a tecnologia e na educação de uma geração digital, não foram devidamente implantadas.

Ideia pedagógica: Estratégias educacionais utilizadas por pesquisadores com o intuito de melhorar as condições de qualidade do ensino (Munhoz, 2016a).

Protagonismo: Situação na qual o aluno desempenha ou ocupa um papel principal no desenvolvimento de suas atividades de ensino-aprendizagem. É uma das propostas que surge de estudos relacionados com a aprendizagem ativa, que leva o aluno a abandonar um papel passivo e a adotar uma participação motivada nos ambientes de ensino-aprendizagem (Munhoz, 2016a).

Protótipo: Produto em fase de testes apresentado ao mercado antes de ser produzido em escala industrial (Houaiss; Villar, 2009).

Salas de aula invertidas: Metodologia inovadora que consiste na efetivação da aprendizagem independente em ambientes de aprendizagem e na inversão do que ocorre em ambientes tradicionais, com os alunos estudando a teoria em casa – com uso de vídeos e outros materiais de apoio – e comparecendo em sala de aula para desenvolver ou apresentar resultados já desenvolvidos, colocados como "dever de casa".

Skype: Programa que permite que duas ou mais pessoas se comuniquem via mensagens de texto, chamadas de vídeo ou chamadas de voz. O programa pode ser acessado via computador ou dispositivo móvel e sua utilização exige uma conexão de alta velocidade.

Trabalho de Conclusão de Curso (TCC): Instrumento utilizado nos cursos de graduação e pós-graduação para avaliar os conhecimentos que o aluno adquiriu durante o desenvolvimento do curso. Trata-se de um estudo, normalmente um artigo científico, elaborado com rigor científico e obedecendo a um conjunto de normas predeterminadas.

Trabalhos em grupo: Importante ferramenta que colabora com o aumento do nível de participação do aluno no processo de ensino-aprendizagem, além de aumentar sua motivação e proporcionar aquisição de habilidades de comunicação.

Saiba mais

Para saber mais sobre os temas abordados neste capítulo, sugerimos a seguir três textos para leitura e algumas atividades.

Leitura	Proposta de atividade
CAIN, G. MOOCs and Connectivist Instructional Design. Oct. 27th, 2012. Disponível em: <http://cain.blogspot.com.br/2012/10/moocs-and-connectivist-instructional.html>. Acesso em: 6 dez. 2017.	Leitura complementar.
CURSINO, R. B. O desafio da educação: professor analógico x geração digital. 4 set. 2013. Disponível em: <http://www.trajetoconsultoria.com.br/o-desafio-da-educacao-professor-analogico-x-geracao-digital/>. Acesso em: 6 dez. 2017.	Leia o texto sugerido e elabore um artigo de opinião.

(continua)

(conclusão)

Leitura	Proposta de atividade
DIAS, V. L. A importância do trabalho em grupo na universidade. FCETM – Faculdade de Ciências Econômicas do Triângulo Mineiro, Uberaba. Disponível em: <http://www.fcetm.br/?go=paginas&idtexto=1248>. Acesso em: 6 dez. 2017.	Leia o texto sugerido e elabore um artigo de opinião.

Questões para revisão

1. Qual a importância do trabalho em grupo nos ambientes enriquecidos com a tecnologia?
2. Questione a afirmativa conectivista de que o conhecimento está na sociedade e não na cabeça das pessoas.
3. Como o protagonismo pode auxiliar o aluno no desenvolvimento de suas atividades de ensino-aprendizagem?
4. Considerando o que foi enunciado neste capítulo, analise as vantagens do desenvolvimento de trabalhos em grupo.
5. Como você enxerga a aprendizagem pela pesquisa? Ela proporciona maior independência ao aluno?

problema proposto

A IES na qual você trabalha solicitou a montagem de uma série de questões (no mínimo 10) a serem respondidas por todos os professores, de forma que eles possam opinar sobre a implantação do coaching educacional. O questionário deve ser fechado e objetivo, com utilização da escala de Likert (uma série de cinco afirmações a respeito de determinado objeto com uma escala que varia entre "concordo totalmente" e "discordo totalmente").

Tendo em vista a situação apresentada, devolva o questionário proposto.

Blogs

Capítulo 04

O contexto de aplicação do coaching educacional

Não são poucas as mudanças que os ambientes de ensino-aprendizagem enfrentam na atualidade. A única informação segura é que eles exigem novas atitudes e comportamentos dos agentes educacionais envolvidos.

É possível encontrar nesses ambientes diversas formas de entrega de cursos para as pessoas interessadas em adquirir conhecimentos. A primeira constatação é a distribuição em quatro áreas: a educação formal, a educação não formal, a educação informal e a educação aberta. Esta última se encontra em evolução, algo que se deve ao aumento do número de pessoas que adota a proposta de formação permanente e continuada. Nesse caso, as atividades de coaching não são afetadas

Há uma proposta de contexto que analisa a diversidade de mídias com as quais um curso pode ser oferecido. É possível retornar aos primórdios, com cursos ofertados com utilização de apenas um meio, o material impresso, ou mesclar praticamente todos os meios de oferta. Aqui também o coaching educacional não é afetado.

Outra possibilidade, que analisa o grau de inovação, afeta em maior ou menor grau o coaching educacional. Nos ambientes tradicionais, o comportamento dos agentes educacionais pode bloquear a efetivação do coaching educacional, o que pode ocorrer até mesmo nos cursos mais inovadores em termos de formas, mídias e conteúdo utilizados.

Outra vertente de análise está na forma de entrega. Nesse sentido, as variações são influentes porque alteram, sob diversas formas, a maneira como a atividade de coaching educacional será efetivada ao exigir diferentes comportamentos e conhecimentos.

As formas de entrega existentes podem ser divididas em:

- Ambientes presenciais de ensino-aprendizagem, nos quais a atividade de coaching teve início.
- Ambientes semipresenciais de ensino-aprendizagem, os quais começaram com o rádio e a televisão. Nesse ambiente,

as atividades de coaching educacional sofrem mudanças devido ao comportamento e ao conhecimento diferenciado que a forma de entrega exige dos participantes. A presença conectada, forma mais utilizada em nosso país, com uso de polos de apoio presenciais ou virtuais, assinala diferentes características para a efetivação do coaching educacional.

- Ambientes não presenciais, definidos como *e-learning (eletronic learning)*.

É válido ressaltar que sempre que houver presença parcial, independentemente do nível, o ambiente será classificado como *b-learning* (semipresencial).

O *b-learning* apresenta três designações: 1) o *e-learning* (aprendizagem eletrônica), que criou a metáfora das salas de aula virtuais ou eletrônicas e foi efetivado por meio do suporte de meios tradicionais; 2) o *m-learning* (aprendizagem móvel), que amplia as possibilidades de efetivação das atividades de aprendizagem, pois permite consulta via dispositivos móveis; e 3) o *u-learning (ubiquitous learning)*, que permite que a atividade seja efetivada simultaneamente e em diferentes lugares.

A última vertente de análise está na utilização de teorias de aprendizagem e ideias pedagógicas diferenciadas. É nesse aspecto que talvez resida a principal mudança para efetivar o coaching educacional.

Quando se coloca que a efetivação do coaching pode ocorrer sob diferentes formas, não se está analisando a **alteração de eficácia**. Considera-se que a qualidade do coaching educacional independe da forma como ocorre, pois está centrada no desempenho individual e na qualidade do nível de relacionamento estabelecido entre o coacher e o coachee.

A efetivação do coaching, com maiores ou menores graus de dificuldade, está sujeita a diferentes exigências de comportamento, as quais somente podem ser analisadas em um contexto específico. O ambiente apresentado no Capítulo 2, no qual o estudo foi efetivado, apresenta as seguintes características:

- utilização extensiva da tecnologia educacional;
- efetivação da aprendizagem independente, desenvolvida em grupo e apoiada por cânones da **aprendizagem significativa**, com base no conteúdo e no processo escolhidos diretamente pelo aluno;
- adoção do conectivismo como teoria de aprendizagem de suporte;
- aplicação do conceito de sala de aula invertida;

- desenvolvimento efetivo da abordagem da aprendizagem baseada em problemas;
- apropriação, quando necessário, de diferentes ideias pedagógicas de suporte (aprender a aprender, aprender pela pesquisa etc.).

Ambientes com tais características permitem a utilização de todo um arsenal tecnológico. Assim, é possível utilizar, por exemplo, sistemas especialistas e adotar uma linha comportamentalista, sem que isso mude o enfoque adotado pelo conectivismo, ou seja, sem que se desconsidere um ambiente personalizado de aprendizagem (APA)[1], que admite experiências e a aprendizagem pelo erro.

No entanto, em todas as decisões é importante que haja a participação ativa e conjunta dos agentes educacionais: instituição de ensino, professores e alunos. Todos devem estar de acordo, já que as atividades de coaching podem ser consideradas como um contrato assinado entre as partes e, assim, todas as cláusulas devem ser aceitas por todos.

atividade

Com base no que foi apresentado no último parágrafo, crie um modelo de contrato a ser assinado entre as partes.

Recentemente, começaram a ser desenvolvidos estudos sobre a possibilidade de se aplicar o *School as a Service* (SaaS) no ambiente educacional, embora seja algo que tenha sofrido bastante resistência.

Como é possível perceber, as inovações propostas para o ambiente educacional confrontam as metodologias tradicionais adotadas pelos pedagogos, os quais, aos poucos, veem-se instados a analisar as características dessas propostas, a fim de não limitarem sua área de atuação e acabarem ficando fora do mercado. Entretanto, devemos ressaltar a necessidade de valorização desse profissional (o que inclui remuneração justa), visto que se trata de um intelectual transformador, responsável pela formação das futuras gerações.

---

[1] Há mais informações na Seção "Glossário" do Capítulo 1.

Glossário

Aprendizagem significativa: Moreira (2011), com base em Ausubel, tem uma visão moderna e atualizada sobre a aprendizagem significativa, tida como uma teoria que tenta tornar a aprendizagem diretamente relacionada com o futuro profissional do aluno. Ela é tratada neste material como uma ideia pedagógica, tendo em vista que é encarada na comunidade acadêmica como um resultado da aplicação dos conceitos da aprendizagem baseada em problemas e da aprendizagem em grupo desenvolvida sobre fatos de interesse comum (Munhoz, 2016c).

Educação formal: Cascais e Fachín-Terán (2013) definem a educação formal como aquela que acontece mediante a presença de professores e alunos em instituições que oferecem o processo de ensino-aprendizagem sistematizado e regulamentado por legislação própria. O trabalho desses autores também abrange os vocábulos *educação informal* e *educação não formal*, que compõem, em conjunto com a educação formal, uma taxonomia particular sobre formas de aprendizagem.

Educação informal: A educação informal é aquela que acontece nos ambientes frequentados pelo aluno – igreja, família, grupo de amigos, redes sociais etc. –, os quais são carregados de valores culturais.

Educação não formal: A educação não formal é aquela que ocorre em diferentes contextos sociais, como museus, que têm regras próprias, não estando sujeitos à regulamentação prevista para a educação formal.

Just in Time (JIT): Serviços disponíveis 24 horas para utilização do usuário.

On demand: Forma de negociação em que o usuário somente paga pelos serviços que realmente utilizar.

School as a Service (SaaS): Conceito que surgiu como consequência da evolução da computação em nuvem. Embora ainda nebuloso para muitos e pouco aceito no ambiente acadêmico, o SaaS está de acordo com a proposta de estudo independente, ficando a cargo da escola oferecer seus préstimos em grandes servidores na rede, nos quais os cursos podem ser colocados para acesso *just in time* e pagos de acordo com a utilização (*on demand*). A instituição também oferece certificações parciais.

Saiba mais

Para saber mais sobre os temas abordados neste capítulo, sugerimos a seguir três textos para leitura e algumas atividades.

Leitura	Proposta de atividade
EYHARABIDE, V. et al. Ambientes personalizados de e-learning: considerando os contextos dos alunos. **Informática na Educação: Teoria & Prática**, Porto Alegre, v. 12, n. 1, p. 57-66, jan./jun. 2009. Disponível em: <http://seer.ufrgs.br/index.php/InfEducTeoriaPratica/article/view/12150/7163>. Acesso em: 6 dez. 2017.	Faça uma análise do conteúdo abordado no artigo.
DAL FORNO, J. P.; KNOLL, G. F. Os MOOCs no mundo: um levantamento de cursos online abertos massivos. **Nuances: Estudos sobre Educação**, Presidente Prudente, v. 24, n. 3, p. 178-194, set./dez. 2013. Disponível em: <http://revista.fct.unesp.br/index.php/Nuances/article/viewFile/2705/2368>. Acesso em: 6 dez. 2017.	Faça uma análise do conteúdo abordado no artigo.
ARK, T. V. 10 Dimentions of School-as-a-Service. Getting Smart, July 4th, 2015. Disponível em: <http://www.gettingsmart.com/2015/07/10-dimensions-of-school-as-a-services/>. Acesso em: 6 dez. 2017.	Leitura complementar.

Questões para revisão

1. Como você analisa a evolução da educação aberta no mundo acadêmico?
2. Qual é, em seu entendimento, o principal fator de influência para a efetivação da aprendizagem significativa?
3. Cite um ou mais requisitos para a efetivação da aprendizagem independente.
4. Qual é sua visão sobre o paradigma *School as a Service* (SaaS)?
5. Cite alguma vantagem do uso da aprendizagem baseada em problemas no coaching educacional.

estudo de caso

A IES na qual você trabalha solicitou que você apresente aos projetistas instrucionais e desenvolvedores das interfaces gráficas uma proposta de implantação de um ambiente de aprendizagem adaptativa.

Tendo em vista a situação apresentada, devolva um relatório de estudo contendo uma solução para o problema proposto.

Blogs

Capítulo 05

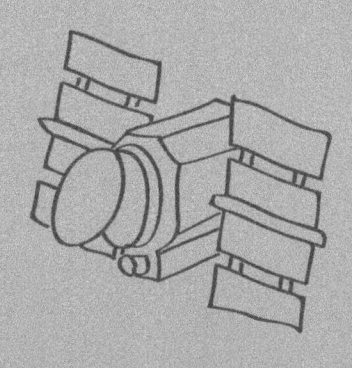

O papel do professor (coacher)

Há alguns aspectos particulares do papel desempenhado pelos professores tutores nas atividades de coaching educacional. Para os orientadores profissionais que atuam no mercado corporativo, sem a necessidade de qualificação e de um *background* pedagógico, o coaching é uma tarefa fácil em razão do formato dos cursos ou treinamentos oferecidos. Já os professores geralmente têm pouco contato com o mundo corporativo, o que torna o desenvolvimento do papel de coacher uma atividade bastante complexa. Além disso, o trabalho de orientação de jovens e adultos não é algo trabalhado na formação do professor.

Na sociedade atual, espera-se das pessoas coisas que, muitas vezes, elas não estão preparadas para desenvolver. O que se espera tanto dos alunos (o que será visto adiante) quanto dos professores tutores com relação ao coaching educacional é que eles sejam verdadeiros estrategistas, tendo em vista o processo que envolve logística integrada na oferta de um conjunto de atividades. A logística integrada no interior de empresas e, por extensão, em ambientes educacionais está diretamente ligada ao tratamento de um conjunto de temas, de complexidade variada, com o apoio de sistemas computacionais ou de um conjunto de "melhores práticas" advindas de experiências utilizadas anteriormente.

A possibilidade de uso e a flexibilidade na aplicação dessas estratégias são normalmente definidas na elaboração do projeto instrucional, um dos principais elementos para o desenvolvimento de cursos em ambientes enriquecidos com tecnologia.

A proposta para formação de equipes de docentes tutores devidamente preparados para as atividades de coaching ocorre em reuniões de *brainstorming*.

Antes de iniciar seu trabalho, o coacher deve responder as seguintes perguntas:

1. Estou preparado para aceitar ser tratado como um treinador?
2. Estou preparado para aceitar a proposta de encarar o aluno como um igual?

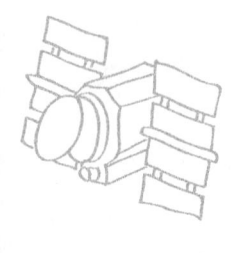

3. Tenho conhecimento dos aspectos psicológicos envolvidos na proposta?
4. A instituição de ensino superior (IES) proponente sabe exatamente o que a atividade exige dos envolvidos?

Com relação à primeira pergunta, é preciso alertar os tutores que eles irão continuar a fazer o que sempre fizeram: ensinar. O que muda são os comportamentos e as atitudes ao longo desse processo.

A segunda pergunta sugere que o tutor deixe de ser o centro do processo de ensino-aprendizagem. Ele deve abandonar o papel de detentor universal do conhecimento, visto que o relacionamento de poder é colocado de lado. As decisões sobre o que aprender, em que local e em que horários passam a ser discutidas em busca de um acordo comum.

A terceira pergunta possivelmente só será respondida durante o processo de formação do tutor como coacher educacional. Afinal, não são mudanças simples para quem aprendeu (e aprendeu a ensinar) de acordo com o método tradicional.

A quarta pergunta é fundamental, pois leva em consideração o grau de independência que a IES deve dar aos participantes de um processo de coaching. Adotar uma experiência inovadora em um ambiente com elevado grau de resistência pode ser o caminho para o insucesso na iniciativa.

O papel desempenhado pelo tutor muda apenas com relação à forma de efetivação, ou seja, os títulos de *coacher*, *professor* e *orientador* do aluno não interessam. Afinal, independente de como ele será chamado, sua função sempre será a mesma: orientar o aluno. É importante alertar que, já no início do processo, o aluno assume a corresponsabilidade da efetivação de sua aprendizagem. O professor não é mais o único responsável pelo ensino, tampouco determina como as coisas serão desenvolvidas.

---

atividade

Analise a dificuldade que muitos professores têm em aceitar a atuação como coacher e, se possível, sugira fatores motivadores para evitar esse posicionamento.

Durante o processo de formação, é necessário que o tutor que está sendo preparado para ser um coacher seja levado a criar sozinho uma visão sobre o coaching, de forma que seja possível que ele venha a desenvolver seu papel da melhor forma possível.

Na etapa de formação, é recomendável que o tutor seja submetido ao mesmo processo que irá desenvolver. Isso equivale a propor um programa de formação que, por si só, seja uma atividade de coaching. Assim, recomenda-se que a atividade seja montada em pequenos grupos. Embora não seja comum, o ideal é que haja um coacher para cada coachee nesse processo de aperfeiçoamento.

Quando isso não é possível, é necessário limitar o número de participantes e ter um professor auxiliar, preferencialmente formado na modalidade "coacher para cada coachee". Dessa forma, as equipes podem ser montadas com um número variável – em torno de dez alunos por turma. A formação de turmas desse gênero é recomendável e enseja a criação de uma comunidade de prática, na qual a interação entre os participantes (o que inclui o coacher e seu auxiliar) deve ser intensiva.

Esse posicionamento é comum na atividade de coaching, em que os principais coachers são utilizados como mentores e, assim, colocados em destaque. A função principal desse mentor é compartilhar com o futuro coacher seu próprio processo de formação: como ele se sentiu ao iniciar esse estilo de ensino, como conseguiu superar as primeiras resistências e os primeiros obstáculos etc. Já o professor auxiliar deve falar, principalmente, sobre os medos e as esperanças que tinha antes de entrar na atividade em questão, sobre os impactos que esperava e, finalmente, descrever o processo que desenvolveu com algum aluno em particular.

Na sequência, os princípios e fundamentos que direcionam a atividade de coaching são repassados para o professor prestes a assumir o papel de coacher educacional. Nessa ocasião, o contexto e as metodologias, como a abordagem da sala de aula invertida, podem ser tomados como um caminho a ser seguido. Nessa etapa, a aprendizagem baseada em problemas, cujo propósito é resolver o problema de determinar o perfil do coacher, é recomendável, pois pode levar o participante a desenvolver pesquisas mais aprofundadas sobre o assunto.

É esperado que, ao tomar conhecimento dos desafios e de como eles foram superados por outros professores, o futuro coacher esteja em boas condições para assumir esse papel e enfrentar o seu primeiro desafio.

Como visto anteriormente, o coaching executivo propicia um retorno favorável do investimento aplicado, o que possibilita que haja um coacher para cada coachee nesse processo. Já na área acadêmica é comum que o coacher atenda em tempo parcial a um conjunto de alunos. Essa é uma forma de diluir os custos elevados.

Outra forma de reduzir os gastos é o coacher atender os líderes de grupo, a fim de fornecer a eles condições para atuarem como coachers dos demais alunos da equipe. Assim, é possível ampliar o número de alunos atendidos por um único coacher. Essa técnica é similar a uma pirâmide invertida: ela permite que a multiplicação, ainda que apresente alguma perda de qualidade, ofereça resultados satisfatórios. No entanto, devemos ressaltar que o ideal seria o atendimento individual em tempo parcial.

A atividade de coaching em grandes salas de aula é impraticável no aspecto financeiro. Quando o coaching é colocado como estratégia educacional, somente a quebra de grandes salas em pequenos grupos, atrelada à delegação de responsabilidades aos alunos que se destacam (*shadow management*)[1], permite que a atividade de coaching apresente alta funcionalidade. Contudo, quando o fator econômico fala mais alto e as grandes salas de aula aumentam de forma significativa o número de alunos atendidos pelos tutores, a qualidade da metodologia fica comprometida.

Outra opção de aplicação do coaching educacional é torná-lo opcional, destinado a casos de atendimento individual a pessoas com algum problema de aprendizagem. Há ainda a possiblidade de cobrança de mensalidade para que mais professores venham a desenvolver a atividade, atendendo a um número reduzido de alunos. Somente assim se pode pensar em atendimento a grupos de cinco a dez alunos. O propósito democratizante colocado por muitos para o ensino a distância (EaD), muitas vezes, impede a cobrança de valores mais elevados de mensalidade ou por personalização.

A proposta, de modo geral, é elitista, mas, enquanto os investimentos em educação estiverem sujeitos à malversação ou à não aplicação, a qualidade estará comprometida.

---

1 Auxiliares do coacher para desenvolvimento de determinadas tarefas ou parte delas.

Aos participantes, é importante oferecer acesso aos questionários feitos a professores já formados. Assim, eles saberão de forma antecipada o que irão responder ao final do processo. A fim de facilitar a aplicação dos processos *analytics*[2] e *big data*, sugerimos os questionamentos que seguem:

- Que desafios o professor enfrentou?
- Qual foi a reação inicial de cada aluno?
- Que medidas foram tomadas para eliminar o fator resistência e a gestão de conflitos?
- De que os alunos mais gostaram?
- De que os professores mais gostaram?
- Que mudanças você gostaria de sugerir no processo?

As respostas a essas perguntas passam a integrar um banco de dados que não somente permitirá efetivar a aprendizagem baseada em casos, como também servirá de elemento de consulta.

Imediatamente após as reuniões e antes que cada professor inicie sua atividade como coacher, encontros entre os professores tutores e os novos candidatos devem ser realizados, a fim de que os futuros coachers possam ouvir e fazer perguntas de forma livre, sem a intervenção das coordenações, para evitar possibilidade de coerção.

O que se espera é recuperar a riqueza do relacionamento entre alunos e professores, perdido nos ambientes de salas de aula tradicionais. A proposta tem como objetivo a construção de um processo de confiança entre o professor e o aluno (coacher e coachee). Na efetivação da proposta, as duas partes envolvidas aprendem juntas.

Para o professor, mesmo que ele seja especialista no assunto, sempre há uma nova ideia que pode ser registrada, oriunda de um novo olhar sobre a ação e a prática docente. Assim, o compartilhamento dessas ideias deve ser destacado e colocado como vantajoso.

A abertura do espaço da sala de aula para um novo relacionamento deve ser efetiva. É válido ressaltar que o uso de salas de aula eletrônicas não bloqueia a riqueza do processo de comunicação estabelecido. Ainda que toda a riqueza não

---

2 Ver *analysis* no Glossário do Capítulo 2.

possa ser reproduzida no ambiente virtual, ela pode atingir uma escala elevada, próxima àquela obtida nos ambientes presenciais tradicionais.

O propósito disso tudo é motivar todos os professores a formarem sua própria opinião acadêmica sobre o assunto e a se voltarem com entusiasmo para o desenvolvimento das atividades. É preciso que todos estejam dispostos a apresentar bons resultados.

Para reforçar a proposta, é recomendável que o professor elabore relatos sobre a mudança de cultura pessoal, a quebra de relacionamentos de poder e a decisão compartilhada do que estudar, de como estudar e de onde estudar – mesmo que essas decisões possam ser alteradas pelo aluno. Esse pode ser um fator motivador para aqueles que estão iniciando suas atividades nesse processo.

É preciso destacar que se deve evitar o aspecto negativo de relatos de professores que não utilizam o método de coaching. Muitos deles consideram que adotar tais medidas retira grande parte do trabalho do professor e coloca toda a responsabilidade nos alunos. São colocações que ignoram todo o preparo que o professor deve ter e o esforço exigido da participação aberta, que não se apoia em velhas transparências e metodologias que retiram todo o grau de independência do aluno.

Segundo os professores que fazem essas críticas negativas, os alunos são os sacrificados, enquanto os professores eleitos para desenvolver a atividade de coaching são favorecidos por não precisarem trabalhar. É um erro considerar que os alunos fazem tudo e os professores vão até a sala de aula apenas para registrar a presença deles. Essa é uma visão bem típica do professorado tradicional sobre as questões de salas de aula invertida e de novas metodologias. Ela também surge sempre que se leva o ambiente centrado no aluno ao desenvolvimento da aprendizagem independente.

Enfim, é importante destacar a importância de se colocar o professor coacher como participante de uma força-tarefa de profissionais que realmente se interessam pelo aluno, que buscam, nas novas metodologias, formas de motivação inovadoras – o que não acontece nos ambientes tradicionais, eivados por uma série de atitudes coercitivas que apenas afastam professores e alunos, além de aumentarem a evasão escolar.

As propostas que levantamos foram estruturadas no formato acadêmico de forma proposital, a fim de indicar ao professor os primeiros passos do processo de coaching. Ao assumir o processo, esse professor deve estar adequadamente preparado para oferecer aos seus alunos o mesmo ambiente aberto em que ele foi formado como coacher, a fim de transmitir ao aluno a mesma sensação de liberdade.

O aprender pelo erro, adotado em ambientes abertos, revela-se de grande eficácia na construção de novos conhecimentos. O que se pretende é oferecer ao professor candidato a coacher uma lista de "primeiros passos" no desenvolvimento das atividades de coaching educacional.

atividade

Simule uma atividade de coaching e procure responder às questões que foram colocadas nos últimos parágrafos. Se for possível simular a atividade em ambientes educacionais antes de respondê-lo, a proposta ficará mais completa, o que pode proporcionar um conhecimento mais aprofundado da metodologia proposta.

Glossário

Ambiente centrado no aluno: Ambientes nos quais a vontade do aluno prevalece. Nesse sentido, o professor tem a responsabilidade de alterar seus comportamentos e atitudes para poder se desenvolver como orientador, respeitando um grau crescente de aprendizagem independente, o ritmo e a forma de aprender do aluno (Munhoz, 2011).

Aprendizagem baseada em casos: Metodologia que se embasa em relatos de especialistas registrados em grandes bases de dados, pertencentes a determinado contexto, a fim de aplicá-los em outros contextos em que eles também podem ser efetivos (Pierini et al., 2015). É uma proposta que, em função do fenômeno *big data*, passa a permitir a obtenção de resultados aplicáveis em situações atuais, com base em resultados de experiências passadas.

Brainstorming: Williams (2010) aponta para a eficiência do processo denominado *brainstorming* ou *tempestade mental*. Ele é utilizado quando são necessárias novas ideias para orientar a solução de problemas específicos. A autora pontua também uma forma mais indicada para proceder quando se quer montar um *brainstorming* bem-sucedido.

Comunidades de prática: Reunião de grupos de pessoas que criam redes sociais privadas, normalmente temáticas, a fim de discutir assuntos de interesse comum (Moura, 2009). Pode ser considerada a forma ideal de dar continuidade ao que o grupo aprendeu em iniciativas educacionais de formação de novas competências.

Estrategista: A pessoa que organiza e planeja ações de guerra (Houaiss; Villar, 2009). Na atualidade, podemos denominar *estrategista* o profissional que pauta suas atitudes na busca por resultados, apresentando visões a longo prazo e periféricas, ambas desenvolvidas com elevado grau de flexibilidade.

Frequently Asked Questions (FAQ): Áreas criadas em localidades específicas e que servem para esclarecer as dúvidas dos usuários com relação a algum aspecto tratado na apresentação de determinado tema. Nessas áreas, há respostas às perguntas que são efetuadas com maior frequência. A consulta anterior a essa área pode diminuir o volume de trabalho dos setores de suporte, responsáveis pelo atendimento aos usuários (FAQ, 2017).

Logística: Área que trata do planejamento e da realização de projetos em áreas importantes e que pode envolver cuidados com a gestão, o armazenamento e a distribuição de recursos para que uma atividade possa ser desenvolvida da melhor forma possível (Logística, 2017).

Shadow management: Essa expressão foi originalmente tratada em estudos desenvolvidos sobre atividades de coaching (University of Cincinnati, 2010). A "sombra" normalmente se refere a uma pessoa de confiança do coacher, que pode atender os coachees em momentos em que o coacher não está disponível.

Saiba mais

Para saber mais sobre os temas abordados neste capítulo, sugerimos a seguir quatro textos para leitura e algumas atividades.

Leitura	Proposta de atividade
EDMONDSON, A. C. Estratégias para aprender com o erro. Harvard Business Review Brasil, nov. 2014. Disponível em: <http://hbrbr.com.br/estrategias-para-aprender-com-o-erro/>. Acesso em: 6 dez. 2017.	Com base no texto sugerido para leitura, elabore um artigo de opinião.
MOREIRA, M. A. Abandono da narrativa, ensino centrado no aluno e aprender a aprender criticamente. In: ENCONTRO NACIONAL DE ENSINO DE CIÊNCIAS DA SAÚDE E DO AMBIENTE, 2., 2010, Niterói. Anais... Niterói, 2010. Disponível em: <http://www.if.ufrgs.br/~moreira/Abandonoport.pdf>. Acesso em: 6 dez. 2017.	Leitura complementar.
MORAES, M. C. Reencantando a educação a partir de novos paradigmas da ciência. out. 2014. Disponível em: <http://www.ub.edu/sentipensar/pdf/candida/reencantar_educacao.pdf>. Acesso em: 6 dez. 2017.	Com base no texto sugerido para leitura, elabore um artigo de opinião.
NABÃO, M. T. P. História da educação. Unip Interativa, unidade IV, 2011. Disponível em: <http://unipvirtual.com.br/material/2011/licenciatura/historia_educ/sld_4.pdf>. Acesso em: 29 nov. 2017.	Leitura complementar.

Questões para revisão

1. Que vantagens você enxerga no uso do aprender pelo erro?
2. Cite três características importantes existentes nos ambientes centrados no aluno.
3. Como você enxerga os professores que definem os colegas que usam metodologias inovadoras – por exemplo, a sala de aula invertida – como pessoas que não gostam de trabalhar?
4. Como você enxerga a sinergia criada pelo coaching entre os agentes envolvidos no processo de ensino-aprendizagem?
5. Qual a razão da criação de uma relação de confiança entre professores e alunos nas atividades de coaching educacional?

problema proposto

De acordo com uma solicitação da IES na qual você trabalha, determine as formas de aplicação de uma metodologia que trabalhe com a perspectiva do aprender pelo erro, com sugestões sobre como ela pode ser implantada no contexto definido neste material.

Blogs

Capítulo 06

O papel do aluno (coachee)

Na atualidade, os estudos voltados à implantação do coaching educacional definem a estrutura a ser criada e a metodologia a ser adotada nesse processo. Definidos esses parâmetros, deve-se ter cuidado em criar um ambiente no qual o aluno sinta-se à vontade, motivado e engajado. Ao adotar a proposta, os contratos entre o aluno e a Instituição de Ensino Superior (IES) devem ser mudados, levando-se em conta a inovação nas formas de relacionamento e a necessidade de um comum acordo. A proposta deve ser aceita pelos alunos e eles devem ser informados sobre o que devem fazer. Além disso, é necessário que exista alternativa para atender aqueles que não querem desenvolver seus estudos com a abordagem do coaching.

O coaching educacional, visto do ponto de vista do aluno, tem propostas diferentes de apresentação de conteúdo, mas mantém o propósito de, por meio de sua efetivação, proporcionar maior qualidade no processo de ensino-aprendizagem. Essa proposta é desejável para a nova geração que chega aos bancos das universidades: a geração digital, que vive em um mundo cada vez mais mutável, exigente e competitivo.

Nesse contexto, as redes sociais efetivam novas formas de comunicação, desenvolvidas entre os componentes dessa geração. Para esse novo público, os ambientes tradicionais de ensino-aprendizagem não apresentam mais interesse e encantamento. Nesse sentido, o termo *persuadir*, tradução da palavra *coax* (originária do vocábulo *coaching*), parece se aplicar mais a esse novo contexto do que a proposta de *impor*, presente nos ambientes tradicionais.

A proposta de coaching tem como objetivo principal levar o aluno, aqui denominado *coachee*, a explorar e desenvolver ao máximo capacidades que lhe são inerentes. Elas são criadas com base em seu estudo e em seu esforço, e não apenas transmitidas de um conhecimento já existente em outras pessoas – no caso, seus professores.

É importante que o aluno saiba, de antemão, o significado da proposta. Para tanto, basta revelar que, ao adotá-la, ele se sujeita a um processo que visa responder ao questionamento: "O que eu desejo melhorar?"

Assim, cabe ao professor, antes de iniciar a tarefa, informar que o coaching está diretamente ligado a mudanças de atitudes e comportamentos. Tais professores visam formar no aluno um pesquisador, um analista e um solucionador de problemas. Essa é uma necessidade premente para as empresas em seu dia a dia, diante da aceleração da evolução tecnológica.

> **atividade**
>
> Com base em sua experiência ou em resultados de pesquisas e estudos desenvolvidos sobre o tema *coaching educacional*, analise a perspectiva do aluno como solucionador de problemas. Considere que essa é uma das expectativas que as empresas modernas têm com relação aos novos colaboradores.

A partir do primeiro contato do aluno com o coaching, as condições em que a atividade será desenvolvida devem ficar estabelecidas. Assim, podem ser desenvolvidas como atividades iniciais:

- na fase de atendimento inicial, discutir a estratégia de solução de problemas;
- no atendimento posterior, explicar de que maneira o *feedback* – que deve ser extensivo – será desenvolvido;
- combinar de modo efetivo as formas de atendimento *on-line*, telefônico e via sistemas mensageiros;
- analisar a possibilidade de uso da presença conectada ou da presença física, quando o *b-learning* for a forma de oferta;
- combinar a periodicidade da comunicação – preferencialmente, ela deve ser constante.

No coaching executivo, isso é algo decidido entre o coacher e o coachee. No coaching educacional, tais condições podem ser previstas no projeto instrucional, mas elas devem apresentar flexibilidade para que as condições sejam modificadas em tempo real, ainda que a margem de negociação não seja muito grande.

A lista citada sugere a existência de um planejamento estratégico. Ele é proposto durante a elaboração do projeto instrucional e deixa brechas para adaptação a formas individuais de desenvolver a aprendizagem. Esse planejamento começa a ser efetivado quando se inicia o processo de formação acertado entre as partes, com aval da instituição de ensino que dá suporte didático e pedagógico ao processo. Não é comum que esta última etapa não seja cumprida, mas poderá existir abertura para que o contrato seja pactuado apenas entre professor e alunos.

Na sequência das atividades, há uma questão de vital importância a ser trabalhada: a gestão de tempo, comprovadamente um dos pontos de sucesso quando efetivada.

Leituras, reflexões, vídeos de apoio, problematização de conteúdo e aplicação de interação e diálogo constantes são as formas de apoio mais indicadas na atividade de coaching educacional. Aulas tradicionais perdem o sentido.

Os Massive Open Online Courses (MOOCs) oferecem os vídeos como material de apoio de alto valor. Contudo, sem a aprendizagem independente efetivada pelo aluno, toda a proposta pode cair no vazio, pois é necessário que ele apresente intensa dedicação para que o processo seja bem-sucedido.

A atividade de coaching tem seu começo sempre que se identifica necessidade de melhoria ou mudança. As IES não formam mais o profissional desejado pelo mercado de trabalho. Diante disso, a necessidade de melhoria está estabelecida e a busca por novas metodologias se reafirma como uma necessidade.

É na efetivação das reuniões preliminares, desenvolvidas com a dinâmica do *brainstorming*, que se inicia o processo de melhoria, como veremos de maneira mais detida no próximo capítulo. Nessa etapa, a equipe de projeto instrucional é envolvida.

A não participação direta do aluno no processo de planejamento conduz à necessidade de adoção de um modelo mais flexível, que atenda os diversos estilos de aprendizagem e cubra diferentes formas de aprender, as quais podem ser adotadas como direcionadoras no desenvolvimento das atividades.

A utilização do pensamento divergente (Osborn, 1965), gerado em atividades de *brainstorming*, assume importância ímpar. Tal metodologia visa encorajar as

pessoas a utilizarem ideias inovadoras. Assim, Osborn (1965) fornece alguns direcionamentos para a efetivação de um *brainstorming* eficaz, que consistem em:
- investigar o maior número possível de ideias;
- aceitar todas as ideias, mesmo que elas pareçam não aplicáveis em uma primeira análise;
- combinar e melhorar o resultado de propostas com outros participantes do processo, se o trabalho de coaching em grupos de alunos for estabelecido.

> É importante observar que não são poucas as mudanças que se exigem do aluno. De assistente passivo, ele deve passar a ser um elemento ativo, motivado, que participa intensamente de sua aprendizagem e que assume, junto com os professores, a corresponsabilidade da qualidade do processo de ensino-aprendizagem aplicado. Com base nisso, procure sugerir algumas dicas para o estudante que irá se submeter a atividades de coaching, como forma de reforçar o conteúdo deste material.

Há uma máxima de origem indeterminada, amplamente utilizada no mercado corporativo, que pode ser trazida para o mercado acadêmico: "O coaching é uma atividade feita com alguém, não para alguém". Essa é uma visão que elimina padrões aplicáveis a todas as pessoas indistintamente. A personalização das atividades educacionais é um dos destaques do método proposto, o que invalida qualquer tipo de padronização.

6.1 O que o coachee precisa saber

A pessoa mais próxima ao coachee (aluno) é o coacher (tutor designado para atendimento). O contato entre eles pode acontecer de forma presencial ou *on-line*. Quando o atendimento é *on-line*, ele ocorre nos ambientes virtuais de aprendizagem (AVA), que podem ser personalizados como ambientes personalizados de aprendizagem (APA). Tido como grande conhecedor do mecanismo de coaching, o coacher terá todas as condições de efetivar, no perfil da pessoa sob sua responsabilidade, as características que o transformam em um bom coachee. Para isso, é importante que o coachee:

- tenha conhecimento das metas, desafios e ações a serem desenvolvidas durante a atividade coaching;
- esteja verdadeiramente interessado em seu próprio desenvolvimento e progresso, sem que sejam necessárias comparações com resultados de outras pessoas;
- entenda que a responsabilidade pela aprendizagem não cabe mais apenas ao professor; ao adotar essa perspectiva, o aluno admite sua parcela de responsabilidade, efetivando a aprendizagem independente, que pode atingir um estado de heutagogia no transcorrer do processo;
- torne-se um facilitador de seu próprio processo de desenvolvimento pessoal, conforme evolui em relação aos estágios iniciais do processo;
- atue de forma a manter a congruência entre suas ações e os objetivos estabelecidos com o coacher;
- aceite, ainda que submeta a julgamento crítico – com a possibilidade de recusa, desde que apoiada em argumentos consistentes –, o *feedback* que o coacher irá oferecer;
- aceite a sugestão de ajustes na estratégia adotada, caso seja observado algum desvio no caminho estabelecido, para que os objetivos do coaching sejam atingidos;
- use parte do tempo para desenvolver medidas de desempenho próprio em um processo de autoavaliação, que pode ser acompanhado pelo coacher ou desenvolvido de forma isolada, ainda que esta não seja a maneira mais recomendada;
- tenha como meta a criação de desafios próprios e a luta por sua superação;
- trabalhe no sentido de aplicação da "gestão por resultados", tida como mais adequada para atividades de coaching, segundo a posição adotada por Röder (2009);
- evite na atividade de coaching a adoção da perspectiva de "viver no mundo de Alice", uma metáfora que o transforma em um sonhador, em vez de um profissional que enxerga a realidade dos fatos;

- tenha seu tempo e sua organização como as coisas mais importantes a serem controladas;
- utilize no processo de coaching a mesma estratégia de desenvolvimento e evolução que utiliza em sua vida particular, adotando em todas as situações um mesmo critério para busca e adoção de soluções;
- trabalhe a arte do aprender a aprender;
- mantenha uma proposta de ter ideias próprias e desenvolver pensamentos bem estruturados, mas com elevado grau de flexibilidade, no sentido de modificar sua maneira de ver as coisas e conduzir suas ações quando convencido por argumentos apropriados.

> **atividade**
>
> Analise a lista citada como forma de aprofundar seu conhecimento e, ao mesmo tempo, de colaborar com eventuais alterações deste material.

Os itens assinalados apontam um bom caminho para que o aluno altere seu estado de receptor passivo e desenvolva uma **ação proativa** em seu comportamento habitual.

O coachee pode se transformar no ator principal, roteirista e diretor de sua própria vida, construindo-a de acordo com suas convicções, mas consciente de que vive em sociedade e em um mundo em que aceitar o outro é um desafio cada vez mais presente.

6.2 Responsabilidades do coachee

Com base na lista anteriormente apontada, é possível inferir que responsabilidades o coachee assume quando aceita participar de um programa com as características que apontamos até aqui. São elas:
- Conhecer os requisitos para desenvolvimento da atividade de coaching.
- Saber que competências são exigidas e colocadas como desafios.

- Recusar sua participação, caso não se sinta em condições de assumir os desafios colocados.
- Estabelecer prioridades e ter uma proposta de gestão de tempo.
- Estabelecer um sistema de colaboração limitada com o coacher.
- Quando em equipes, aceitar a presença de um coachee apoiador, que manterá o contato com o coacher e trará as recomendações de atuação, sendo a divisão de tarefas responsabilidade desse coachee.
- Saber como evitar questões de sobrecarga laboral, cognitiva ou psicológica nas situações de aprendizagem diante das quais é colocado.
- Aceitar propostas de *shadow management* como apoio ao trabalho do coacher.
- Monitorar os resultados de forma constante.

atividade

Procure se colocar no lugar de um coachee e fazer uma análise crítica das responsabilidades consideradas como ponto de partida para que o processo de coaching seja um sucesso.

Glossário

Ação proativa: Ação que demonstra que o aluno ou o colaborador tem grande facilidade em antecipar e tomar iniciativas para solucionar problemas – algo extremamente desejável no mercado corporativo da atualidade. Estudos desenvolvidos por Almeida (2000) relacionaram a ação proativa diretamente com questões de obtenção de resultados mais positivos em atividades de planejamento estratégico. Considerando o necessário planejamento acadêmico – nem sempre realizado – como similar ao planejamento estratégico das empresas, é possível obter os mesmos resultados encontrados nos ambientes corporativos.

Estratégia de solução de um problema: Na solução de algum problema proposto, há uma fase específica na qual a equipe de trabalho escolhe o conteúdo e a abordagem a ser adotada, bem como apresenta um cronograma de atividades com uma data final prevista (Munhoz, 2016a). A aprendizagem baseada em problemas está entre as abordagens eficientes de criação de motivação e aumento do grau de participação do aluno nas atividades a serem desenvolvidas, de acordo com o que foi analisado nos projetos instrucionais de curso.

Feedback: Abreu-e-Lima e Alves (2011) analisam a estratégia de *feedback* a ser adotada por tutores em ambientes de ensino a distância (EaD). O estudo permite a generalização da proposta em todas as atividades educacionais, principalmente quando se entra em atividades de coaching educacional. O processo consiste em dar um retorno do orientador ao aluno ou do aluno ao orientador, para esclarecimento de dúvidas ou apresentação de resultados.

Gestão de tempo: Gallego e Silva (2017) consideram a gestão de tempo em atividades escolares de vital importância, principalmente por ser possível observar grande desperdício de tempo. Na atualidade, diante do rápido processo de aceleração que tomou conta da sociedade moderna, a gestão de tempo se tornou um dos aspectos mais importantes a ser tratado em todas as atividades desenvolvidas pelos seres humanos, sendo indispensável ao desenvolvimento dos estudos.

Heutagogia: Trata-se do momento em que o aluno, em um processo de aprendizagem independente, atinge a independência total com relação a acompanhamento do coacher (Heyse; Canyon, 2000). De acordo com Heyse e Canyon (2000), consiste em uma evolução nos ambientes em que a andragogia é estabelecida como uma abordagem significativa.

Julgamento crítico: Visão crítica individual capaz de ser merecedora de consideração e aprovação, ainda que não garanta a aceitação da argumentação. Cerullo e Cruz (2010) consideram que essa expressão deve ser diferenciada de *pensamento crítico*, embora sejam termos relacionados.

Pensamento divergente: Forma mais recomendada de se localizar o maior número possível de soluções para algum tema pontual que esteja em análise por duas ou mais pessoas (Arruda et al., 2005). Nesse caso, entra em ação a capacidade de gerar ideias e resolver algo de forma crítica, o que evita o possível desvio de soluções baseadas em apenas uma ideia.

Presença conectada: Eufemismo utilizado para caracterizar ambientes EaD nos quais o contato acontece a distância, com utilização de videoconferência

(Munhoz, 2016d). A mesma compreensão que se tem de presença conectada em ambientes EaD pode ser estendida ao processo de coaching.

Solucionador de problemas: Profissional capacitado a enfrentar o novo, a criar em situações difíceis (Munhoz, 2016a). Em outras palavras, o solucionador estuda os problemas e apresenta uma solução que pode ser válida de forma geral ou apenas no contexto de estudo.

Saiba mais

Para saber mais sobre os temas abordados neste capítulo, sugerimos a seguir dois textos para leitura e um vídeo.

Leitura e vídeo	Proposta de atividade
GIL, H. Ambientes "personalizados" de aprendizagem para adultos e idosos: a potencial relevância das TIC. In: CONFERÊNCIA INTERNACIONAL DAS TIC, 8., 2013, Braga. Atas... Braga: Instituto Politécnico de Castelo Branco, 2013. p. 184-191. Disponível em: <https://repositorio.ipcb.pt/bitstream/10400.11/2031/1/Gil_Henrique.pdf>. Acesso em: 6 dez. 2017.	Leitura complementar.
REY, B. Como fazer um brainstorming eficiente. Exame, 26 jul. 2013. Carreira. Disponível em: <http://exame.abril.com.br/revista-voce-sa/edicoes/181/noticias/como-fazer-um-brainstorming-eficiente>. Acesso em: 29 nov. 2017.	Leitura complementar.

(continua)

(conclusão)

Leitura e vídeo	Proposta de atividade
HORN, G. Você se considera criativo? 4 jan. 2013. Disponível em: <https://www.youtube.com/watch?v=kQI2KoZZ3YQ>. Acesso em: 7 dez. 2017.	Assistir ao vídeo.

Questões para revisão

1. Analise, em termos de perspectiva e custos, a utilização de *shadow management* no ambiente educacional.
2. Analise a utilização de *brainstorming* em atividades de coaching.
3. Como você imaginaria um ambiente personalizado de aprendizagem (APA) voltado para o coaching educacional?
4. Qual seria a sua primeira atividade como coachee?
5. Procure definir uma tabela para gestão de tempo em alguma atividade fictícia de coaching.

Estabeleça um pequeno guia de orientação que traga instruções sobre como os professores podem desenvolver reuniões de *brainstorming* para captação de novas ideias e que apresente um exemplo de utilização de *brainstorming* na forma de um tutorial.

estudo de caso

Blogs

Capítulo 07

Planejamento de desenvolvimento do coaching educacional

O planejamento é recomendado para que qualquer atividade corporativa tenha maiores possibilidades de sucesso. Isso também ocorre no ambiente acadêmico, principalmente no caso do desenvolvimento do coaching educacional. A complexidade derivada do relacionamento entre pessoas, principalmente levando-se em consideração as divergências entre elas, exige um planejamento cuidadoso e que respeite essa diversidade.

7.1 Projeto instrucional

O coaching educacional deve apresentar uma etapa de estruturação referente à forma de acompanhamento do coacher ao coachee (do professor ao aluno). Essa fase diz respeito ao desenvolvimento do projeto instrucional.

O projeto instrucional determina de que forma o coaching será aplicado e quais atividades poderão ser desenvolvidas. No entanto, o planejamento não detalha as atividades, tarefa entregue a um grupo de docentes que compõem a equipe de coaching, pertencentes a um programa de formação permanente e continuada. Como complemento, é oferecido um programa de nivelamento que coloca o aluno a par do processo antes que ele concorde em participar dele.

7.2 O planejamento do coaching educacional

É possível que, se analisarmos diversas Instituições de Ensino Superior (IES), cada uma apresente um método particular. Essa é a primeira diferença entre coaching corporativo (em que um padrão de abordagem pode ser obtido mais facilmente) e o coaching educacional (submetido a diversos fatores externos que podem afetar a atividade, considerada como um sistema aberto).

No coaching educacional, o tratamento de temas é mais abrangente, ao contrário do que acontece na atividade de coaching corporativo. Nas empresas, essa atividade costuma ser trabalhada na construção de competências pontuais ou no preparo para o atendimento de tarefas ou situações específicas.

Assim, a indicação de como o coaching educacional pode ser executado ocorre em uma visão macro. Tal visão orienta para a possibilidade de ser firmado um plano de ação entre o coacher e o coachee, com o estabelecimento de um "contrato" entre as partes, conforme visto anteriormente.

No coaching educacional, uma das propostas possíveis é o desenvolvimento de acompanhamento com o suporte das rotas de aprendizagem. A proposta que nos parece mais razoável é que cada uma dessas rotas seja um objeto de aprendizagem. Esse objeto de aprendizagem será desenvolvido com acompanhamento e pode ser criado como um conjunto de mídias, desenvolvidas de forma a abranger ao máximo as formas como os seres humanos aprendem e levando em conta a teoria das inteligências múltiplas.

Para efetivar tal proposta, pode-se oferecer no ambiente algumas alternativas, sendo que a escolha delas deve estar de acordo com o projeto instrucional. Dessa maneira, a proposta pode ser adaptada a ambientes presenciais, de presença conectada ou em qualquer outra forma de oferta de cursos não presenciais ou semipresenciais.

O ambiente previsto para esse contexto propõe as seguintes orientações:
- uso de um ambiente personalizado de aprendizagem (APA) ou de um ambiente virtual de aprendizagem (AVA);
- uso de rotas de aprendizagem;
- uso de grupos de aprendizagem (aprendizagem em grupo);
- uso da aprendizagem baseada em problemas;
- uso do conectivismo como teoria de aprendizagem referente às ações didáticas e pedagógicas desenvolvidas no ambiente;
- aceitação de metodologias complementares (gamificação, salas de aula invertidas, aprendizagem pelos pares etc.);

- determinação dos conteúdos com base nas bibliotecas virtuais presentes na rede (com acesso liberado para o coachee) ou criação de um repositório de Recursos Educacionais Abertos (REA) para o mesmo fim – nesse caso, o grupo de estudos determina os conteúdos.

Estruturas totalmente livres, sem que exista um início e um fim, não são aceitas no ambiente acadêmico, no qual ainda se exige a elaboração de trabalhos de conclusão (artigos, monografias etc.). Diante disso, cabe ao docente fazer contato direto apenas com o líder do grupo e determinar que ele seja o *shadow manager* (a sombra) dos demais componentes.

Uma rota de aprendizagem normalmente apresenta um roteiro similar ao que você pode observar a seguir:

1. textos – acompanhados de diálogo, atividades e questões de revisão – a serem lidos antes de encontros presenciais ou de presença conectada;
2. vídeos;
3. áudios – seja como relaxamento ou complemento, seja para atendimento de acessibilidade;
4. animações;
5. jogos;
6. roteiros de gamificação;
7. *links* de interesse e seções de "saiba mais" sobre os principais temas – que podem estar nos textos para leitura ou ser apresentados em separado;
8. enquetes direcionadas aos participantes, à IES ou à comunidade acadêmica como um todo;
9. avaliação formativa com apresentação de pequenos testes de múltipla escolha (*quizzes*), a qual tomará a mesma direção da avaliação diagnóstica – que nem sempre existe no interior do sistema;
10. avaliação somativa final, elaborada como forma de apresentação da solução do problema proposto para aprendizagem do conteúdo.

As únicas atividades obrigatórias são a leitura do texto e a avaliação. No entanto, um objeto completo tem todas essas atividades previstas, mesmo que apresente algumas variações, como o número de arquivos a serem acessados em cada atividade.

A estrutura, como é possível perceber, é bastante flexível. Contudo, ao se atender apenas as condições mínimas assinaladas, o processo volta a ser como na origem do EaD: de ensino por correspondência.

Em processos de imersão total, o coaching educacional acontece 100% na modalidade *on-line* – a presença conectada substitui os encontros presenciais. Isso, entretanto, não prejudica o coachee, pois a variedade de opções é grande e o ambiente criado com base no roteiro citado pode apresentar maiores possibilidades de sucesso.

Analise as listas apresentadas e faça suas observações sobre o processo de coaching educacional, como se estivesse participando dele. Destaque aspectos que o projeto instrucional deve privilegiar para que a atividade tenha sucesso e atinja seus objetivos.

atividade

Glossário

Aprendizagem em grupo: Poderoso instrumento pedagógico para efetivação da aprendizagem ativa, o qual é aplicado na aprendizagem baseada em problemas (Munhoz, 2016a). Ao assumir responsabilidade pelo sucesso dos objetivos colocados pelo grupo e pela estratégia adotada, o aluno aumenta o seu grau de participação e sente como se fosse parte de algo acima dele mesmo (o grupo).

Aprendizagem pelos pares: Metodologia recente que sugere que as atividades educacionais (previstas no projeto instrucional) sejam realizadas de modo a facilitar a interação entre os alunos. Isso pressupõe o envolvimento de todos os participantes no planejamento de atividades complementares que facilitem a compreensão dos conteúdos do objeto de estudo em questão (Araujo; Mazur, 2013). Incluída entre as atividades cooperativas e colaborativas, a aprendizagem pelos pares se mostra capaz de recuperar o interesse dos alunos e o encantamento deles no relacionamento com os professores.

Avaliação diagnóstica: Trata-se de uma primeira proposta de avaliação, que pode facilitar que os professores tenham conhecimento mais detalhado das características dos participantes. Isso também permite que, durante as atividades de flexibilização ou personalização do ambiente, o professor possa sugerir novas atividades que estejam de acordo com essas características, facilitando a aquisição do conhecimento desejado.

Avaliação formativa: Avaliação desenvolvida durante a efetivação do programa educacional em curso (Munhoz, 2016c). Ela pode ser composta por estudos independentes que mantenham o aluno motivado durante todo o processo, como um desafio a ser vencido.

Avaliação somativa: Avaliação que compõe parte da etapa de fechamento do processo. Normalmente essa atividade representa a certificação social da aprendizagem que foi desenvolvida (Munhoz, 2016c). Na atualidade, ela pode ser efetivada pela forma tradicional, com questões fechadas ou abertas (objetivas e dissertativas), pela entrega de trabalhos ou pela solução de problemas. Formas como os seres humanos aprendem: Segundo Coutinho e Moreira (1999), cada pessoa tem seu ritmo e suas formas de aprender. As diversas teorias de aprendizagem desenvolvem considerações e trazem recomendações à aquisição de novos conhecimentos levando em conta esse fator.

Objetos de aprendizagem: Pequenos pedaços de informação que ainda representam um conhecimento completo e independente do contexto, desenvolvido com utilização de diversas mídias digitais (Munhoz, 2012). Apresentam curta duração (geralmente de 15 a 20 minutos) e são desenvolvidos de acordo com a quebra sucessiva de uma ideia complexa em conceitos mais simplificados, que permitem que o aluno aprenda do mais simples ao mais complexo.

Quizzes: Em consonância com a avaliação diferenciada, essa é uma proposta de autoavaliação e manutenção do interesse do aluno (Munhoz, 2016c). Ela é efetivada com a aplicação de pequenos testes desenvolvidos de forma eventual e esporádica, com objetivos específicos e pontuais. O *quizz* também pode ser aplicado como enquete para aferir o grau de satisfação dos participantes envolvidos no processo.

Recursos Educacionais Abertos (REA): Materiais didáticos desenvolvidos por especialistas – geralmente colocados para a comunidade acadêmica em domínio público ou com licenciamento *Creative Commons* – e que compõem uma base de conhecimentos para as pessoas desenvolverem suas pesquisas com informações suficientes (REA, 2017).

Rotas de aprendizagem: Schneider, Medeiros e Urbanetz (2009) consideram as rotas úteis como metadados que apresentam o detalhamento de cada atividade prevista, compondo um conjunto de passos que o aluno deve seguir. As rotas podem ser independentes ou desenvolvidas em colaboração ou cooperação no ambiente virtual de aprendizagem (AVA).

Teoria das inteligências múltiplas: Teoria desenvolvida por Gardner (2008) que considera os indivíduos como detentores de mais de um tipo de inteligência. Inicialmente, o autor detectou a existência de sete inteligências, completadas posteriormente por mais duas. São elas: lógico-matemática, linguística, musical, espacial, corporal-cinestésica, intrapessoal, interpessoal, naturalista e existencial.

Saiba mais

Para saber mais sobre os temas abordados neste capítulo, sugerimos a seguir três textos para leitura.

Leitura	Proposta de atividade
TOLEDO, L. H. L. A. de S. S. O *peer instruction* e as metodologias ativas de aprendizagem: relatos de uma experiência no curso de Direito. Disponível em: <http://www.publicadireito.com.br/artigos/?cod=f57a221f4a392b92>. Acesso em: 8 dez. 2017.	Leitura complementar.

(continua)

(conclusão)

Leitura	Proposta de atividade
GAMA, M. C. S. S. A teoria das inteligências múltiplas e suas implicações para educação. 1998. Disponível em: <http://www.homemdemello.com.br/psicologia/intelmult.html>. Acesso em: 8 dez. 2017.	Leitura complementar.
ROCHA, E. F. Avaliação na EaD: estamos preparados para avaliar? Maio 2014. Disponível em: <http://www.abed.org.br/arquivos/Avaliacao_na_EaD_Enilton_Rocha.pdf>. Acesso em: 8 dez. 2017.	Leia o texto sugerido e elabore um artigo de opinião.

Questões para revisão

1. Avalie a proposta de aprendizagem pelos pares.
2. Crie um texto sobre a importância do trabalho em grupo para o coaching educacional.
3. Analise o porquê da importância da avaliação diagnóstica em ambientes nos quais acontece o coaching educacional.
4. Analise as vantagens da apresentação de solução de problemas como proposta de avaliação em ambientes nos quais se desenvolve o coaching educacional.
5. Discorra sobre como o conhecimento da teoria das inteligências múltiplas ajuda na efetivação do coaching educacional.

problema proposto

Estude uma forma objetiva de implantar salas de aula nas quais o professor utilize a aprendizagem pelos pares e crie um pequeno manual de orientação de como utilizar a metodologia criada por Mazur.

Capítulo 08

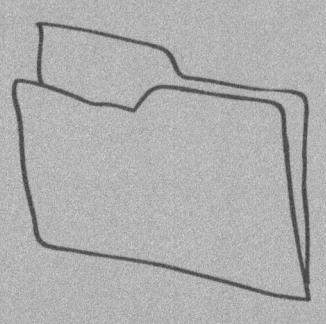

Condução do coaching educacional

A escassa bibliografia existente sobre coaching educacional dificulta que sua aplicação seja padronizada nas instituições de ensino que o adotam. A inexistência de padronização no meio acadêmico exige que apresentemos um método experimental e que sirva de modelo para a criação de um padrão.

8.1 Relação entre os elementos do coaching

Como visto anteriormente, tradicionalmente o processo de coaching educacional não ocorre no formato um para um (um coacher para cada coachee). No entanto, o coacher poderá supervisionar uma série de grupos, indicando em cada um deles um líder para ajudá-lo no atendimento – necessidade que normalmente não ocorre no ambiente corporativo. Nesse ambiente, a atividade somente é adotada quando há capacidade de investimento para realizá-la. No que diz respeito aos demais aspectos, o processo se apresenta exatamente como no coaching executivo.

O coaching educacional insere-se na estrutura de comunicação oferecida pela Instituição de Ensino Superior (IES), geralmente o ambiente virtual de aprendizagem (AVA). No entanto, há alguns métodos – como oferta semipresencial, uso da sala de aula invertida e uso da aprendizagem com os pares – que são mais recomendados para encontros presenciais. Em ambientes de imersão total, esses encontros são adaptados ao AVA.

Dependendo do interesse apresentado pelas partes, a ausência de encontros presenciais pode ter influência na qualidade. Quando o *feedback* é constante e a interação ocorre de forma extensiva, essa perda pode ser evitada.

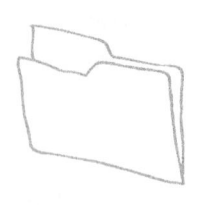

> Questione o desenvolvimento do coaching educacional em ambientes não presenciais. Analise que medidas seriam necessárias para garantir que não haja perda de qualidade nesses casos de imersão total no ambiente virtual.

atividade

8.2 As sessões de coaching

Durante as sessões de coaching, a falta de coerção facilita que diversos assuntos, até mesmo os pessoais, sejam tratados, contribuindo para que as ideias acabem fluindo de forma mais livre. É dada para o aluno a oportunidade de relatar suas frustrações, de registrar suas expectativas de evolução profissional e de discutir o conhecimento que deseja adquirir – em vez de ele apenas registrar dúvidas sobre os conteúdos tratados. O aluno que participa da sessão poderá assumir a função de *shadow*.

Já o professor tem uma oportunidade única de efetivar de forma ativa sua presença social na vida do aluno. Ele recebe informações que podem ajudar o processo desenvolvido no curso a fluir livremente. Nessas sessões, são antevistas formas pelas quais esse processo pode ser modificado, de forma que o grau de satisfação do aluno esteja sempre em alta. As duas pontas do processo têm uma oportunidade de ouro de manifestar de forma aberta opiniões e sentimentos.

A chave do processo é o entendimento do que representa o ambiente centrado no aluno, que pode ser dividido em duas partes: 1) o professor, como coacher, deve assumir a **cultura de orientação**; 2) o aluno, como coachee, deve compreender que está em um processo de estudo independente e que nada impede que ele efetive a heutagogia, não mais necessitando de orientação.

É válido ressaltar, entretanto, que a heutagogia é mais difícil de ser atingida no coaching educacional, pois o processo não ocorre exatamente na modalidade um para um, tendo em vista que, na maioria dos casos, é preciso um *shadow* para ajudar o coacher.

O papel do coacher não é ensinar de acordo com o método tradicional: sua prioridade é ouvir o que o aluno tem a colocar, tirando possíveis dúvidas e o orientando. Caso o coacher não tenha as respostas necessárias, ele irá aprender junto com o aluno, buscando uma solução que permita superar o problema estabelecido. Essa situação é um desafio e representa um obstáculo a ser superado.

Assim, é possível afirmar que, nas sessões de coaching, durante 90% do tempo o coacher ouve e nos 10% restantes orienta ou aprende junto com o aluno. Na forma tradicional de ensino, esses percentuais se invertem.

Nesse sentido, também devemos salientar a importância da duração do contato nesse processo de orientação. No caso dos ambientes semipresenciais, o contato acontece durante a aula, por meio da sala de aula invertida. Nessa situação, o professor deve dividir seu tempo com determinado número de alunos, não devendo ultrapassar o tempo de 30 minutos. Isso permite atender um número variável de alunos, dependendo do estilo de estrutura em pirâmide que for utilizado. No caso do ambiente virtual, os encontros podem ocorrer a qualquer momento, devendo ser distribuídos em pequenas sessões de duração menor, que também não ultrapassem 30 minutos de contato a cada semana.

A periodicidade desses encontros deve ser estabelecida pela instituição de ensino que está ofertando o curso, levando-se em conta os custos que ela ou os alunos estejam dispostos a pagar e o tempo inicialmente estabelecido como necessário. Se a atividade pode ser desenvolvida com facilidade nas Instituições Particulares de Ensino Superior (Ipes), o mesmo provavelmente não ocorrerá nas instituições públicas – a não ser em casos excepcionais, apoiados no interesse particular de algum professor –, tendo em vista que a diminuição de verbas para a educação pública tem ceifado algumas iniciativas de interesse acadêmico (Baldessar, 2015).

É importante destacar que nesses encontros o professor, como coacher, não irá dar aula, como no ambiente tradicional. Presume-se que as atividades de leitura, os vídeos, as animações e tudo o que foi estabelecido como características de um objeto de aprendizagem eliminem essa necessidade.

Esses encontros, como salientado anteriormente, servem para tirar dúvidas e analisar resultados, fazendo com que novas proposições entrem em discussão.

O encontro pode ser estendido, com o uso de videoconferências, para mais de uma pessoa.

Essa abordagem aproxima as sessões de coaching educacional às de coaching executivo. O *feedback* que acontece, de forma geral, apresenta como resultado alunos mais satisfeitos com a efetivação da aprendizagem significativa e com o uso de recursos mais relevantes ao que ele irá desenvolver em sua prática profissional futura.

Os docentes têm a sua satisfação garantida na percepção de quanto foram úteis na caminhada de cada aluno e em acrescer novos conhecimentos na atividade profissional de cada um deles.

A cada atividade de coaching, o professor aprende um pouco mais. Cada aluno tem características pessoais, e o registro das experiências que tem com cada um deles não somente enriquece seu conhecimento, como permite que ele melhore sua prática profissional.

8.3 O *feedback* no processo de coaching

Durante o processo de coaching, pode haver o que é chamado de **sessões de feedback construtivas**. Essas sessões ocorrem quando algum problema se coloca como possível obstáculo prejudicial à continuidade dos grupos ou que venha a exigir que reajustes mais acurados sejam efetivados nas propostas provenientes dos projetos instrucionais.

As sessões de *feedback* construtivas são consideradas um procedimento produtivo, que normalmente não interrompe o processo, mas que pode mudar o direcionamento futuro, provocando, por exemplo, uma mudança na estratégia utilizada para a solução de algum problema colocado pelo aluno ou pelo grupo.

Cada pessoa ou grupo reage de uma forma diante do *feedback* construtivo, visto que esse é um dos raros momentos em que o professor é chamado a desenvolver ascendência – a qual deve ser efetivada como uma liderança eficaz –, devido ao seu maior conhecimento do assunto, o que lhe dá característica de liderança natural. Caso contrário, a atividade pode se transformar em um retorno ao relacionamento de poder predominante no ensino tradicional.

Geralmente, o professor acompanha de maneira diferenciada a evolução da aplicação das decisões que foram tomadas durante o desenvolvimento da sessão de *feedback* construtiva. O único cuidado que ele deve ter como coacher é não demonstrar, em nenhum momento, diminuição de entusiasmo com as atividades.

atividade

Analise e proponha um roteiro para o desenvolvimento de sessões de *feedback* construtivas que podem alterar o andamento do processo de coaching educacional.

É válido ressaltar que o coaching não diz respeito apenas a dar *feedback* positivo. Trata-se também de uma oportunidade para que sejam recolhidas sugestões e opiniões de todos os envolvidos, o que pode incluir críticas à maneira que a IES está conduzindo o coaching educacional. Segundo Goldsmith e Reiter (2015), conceituados autores na área de coaching e liderança, essa é uma oportunidade que não pode ser perdida pelas chefias estratégicas.

Para que o *feedback* do coachee seja aproveitado da melhor forma possível, Goldsmith e Reiter (2015) propõem que se aplique as seguintes questões nas sessões de coaching:

1. De que maneira a IES está conduzindo o tema que motivou a atividade de coaching?
   A resposta a essa questão representa um *feedback* direto do colaborador, que se configura como um jogo aberto entre ele e a IES.
2. Para onde o coachee acha que está sendo conduzido?
   A resposta a essa questão representa um *feedback* direto do coachee para o coacher e pode ocasionar mudanças na proposta original.
3. Quais são os pontos positivos da abordagem proposta pela IES?
   A resposta a essa questão pode, assim como a anterior, originar uma proposta para que comportamentos e atitudes sejam modificados.
4. Quais as sugestões de possíveis melhorias?

Essas sugestões devem ser efetivadas em duas etapas: 1) com relação ao comportamento da IES; e 2) com relação ao próprio coachee ou ao processo de coaching em si.

5. Há alguma coisa que o coachee considera que pode ajudar o coacher a ter sucesso na atividade de coaching?

Essa resposta deve ser estruturada de acordo com a divisão proposta na questão anterior (considerando a IES e o próprio coachee).

Os dados levantados por meio das questões citadas podem ser considerados como um resultado marginal da atividade de coaching educacional, tendo em vista que o principal nesse processo é o desenvolvimento de competências e habilidades por parte do coachee.

Nesse sentido, é válido ressaltarmos que o *feedback* é uma via de mão dupla, ou seja, o coachee também recebe *feedback* do coacher para que haja melhoramento no seu processo de ensino-aprendizagem.

atividade

Analise a lista apresentada e indique itens que possam ser incluídos ou modificados.

Glossário

Ambientes de imersão total: Ambientes que trazem como proposta a não existência de encontros presenciais (Munhoz, 2016c). Apesar de alguns especialistas da área considerarem que a atividade de coaching nesses ambientes perde muito de sua força, que está no encontro direto entre coacher e coachee, existem técnicas de comunicação e envolvimento – que incluem a inserção da afetividade nos relacionamentos – que possibilitam que a atividade venha a ter a mesma força apresentada nos encontros presenciais.

Cultura de orientação: Lima (2009) considera que tanto no ambiente corporativo quanto no setor acadêmico ainda existe um relacionamento de poder entre o coacher e o coachee. Para que os encontros possam ser mais abertos, é preciso que essa cultura seja alterada e que o coacher passe a atuar como um orientador, aceitando (e valorizando) que o coachee tem um conhecimento empírico e que ele tem condições de efetivar uma aprendizagem independente.

Estrutura de comunicação no coaching: Caso a atividade de coaching venha a ocorrer como um processo de imersão total no ambiente virtual, as atividades de comunicação devem acontecer de acordo com o modelo um para um, mas de forma intensiva e aberta, a fim de serem desenvolvidas a partir de qualquer ponto. Os sistemas de gerenciamento de conteúdo e aprendizagem que as IES utilizam na atualidade normalmente atendem a essa condição (Slac, 2017).

Forma um para um: Estrutura que propõe um coacher para cada coachee, pois somente dessa maneira os encontros podem proporcionar aproveitamento total. Caso se trate de uma estrutura desenhada como uma pirâmide, a mesma proposta deve ser efetivada nos níveis inferiores. O importante é que todos os alunos possam ser atendidos de maneira individual, seja pelo tutor, seja pelos *shadows* (França, 2014).

Sessões de coaching: A atividade de coaching educacional ocorre da mesma forma que aquela desenvolvida no coaching executivo no ambiente corporativo: são marcadas sessões subsequentes ou mais atividades que o coachee deve executar – no setor acadêmico, isso representa a proposta da sala de aula invertida.

Saiba mais

Para saber mais sobre os temas abordados neste capítulo, sugerimos a seguir uma leitura complementar.

Leitura	Proposta de atividade
MENEZES, G. Coach, o orientador para você chegar aonde pretende. 11 mar. 2015. Disponível em: <http://sucessoefortuna.com.br/coach-o-orientador-para-voce-chegar-aonde-pretende/>. Acesso em: 6 dez. 2017.	Leitura complementar.

Questões para revisão

1. Quais as principais críticas ao coaching em processo de imersão total?
2. Como você considera que deve ser o relacionamento entre coacher e coachee?
3. Em que nível de coerção deve acontecer uma atividade de coaching?
4. Analise a necessidade de uma cultura de orientação na efetivação da atividade de coaching.
5. Como deve ser a estrutura de comunicação nas atividades de coaching em processo de imersão total?

Estabeleça comportamentos e atitudes necessários para um professor poder atuar como orientador em ambientes centrados no aluno, com abandono de métodos tradicionais de transmissão de conteúdo. O trabalho pode ser orientado no sentido de criação de um perfil de competências.

Blogs

Capítulo 09

Os resultados das atividades de coaching

Tendo em vista o que foi exposto até o presente capítulo, devemos salientar que o foco da atividade de coaching não é a Instituição de Ensino Superior (IES) nem o coacher. O principal elemento é o coachee, objeto de estudo para o qual todas as recomendações existentes no ambiente são colocadas.

Além de ser consultado, o coachee deve ser sujeito à aplicação de uma metodologia de avaliação por competências e habilidades. Ela é mais rigorosa no coaching executivo, por envolver questões que podem representar um futuro melhor para o colaborador. No entanto, devemos atentar para sua importância no coaching educacional.

atividade

Considere desenvolver um estudo sobre avaliação por competências e habilidades ou, como é mais comumente conhecida no mercado, *gestão por competências*.

O sucesso da iniciativa é medido pela comparação dos diferenciais competitivos. Para a empresa, esse aspecto é medido pela análise do seu avanço em vendas de produtos ou serviços; para a IES, é medido pelo quanto os egressos de seus cursos são valorizados e pela pontuação obtida nos exames nacionais, como o Exame Nacional de Desempenho de Estudantes (Enade), que se soma ao grau de satisfação demonstrado por cada aluno na condição de coachee.

A mensuração também pode ser aplicada em um âmbito mais restrito, assim como a análise pode ser delimitada pela verificação do aumento de produtividade.[1] No âmbito empresarial, a produtividade pode acarretar a melhoria de condições internas (clima)

---

1 Embora realizados de maneira diferenciada, os dois casos apresentam o mesmo objetivo.

ou externas (vendas e imagem); já no ambiente educacional, ela atribui desempenho acadêmico e aquisição de conhecimentos – a qual pode ser avaliada por diferentes instrumentos.

Nos dois casos, há um parâmetro que permite, da mesma forma, avaliar a efetividade do coaching educacional: a progressão individual e o grau de satisfação que os sujeitos do processo apresentam. Se o profissional envolvido conseguiu conquistar seus objetivos e encaminhar sua vida pessoal e profissional, o processo foi bem-sucedido.

atividade

Proponha uma avaliação do grau de satisfação do coachee que possa ser aplicada, de forma indistinta, para colaboradores de empresas e alunos.

São poucos os relatos de insucesso na atividade de coaching. No entanto, os poucos casos existentes não decorrem de deficiência técnica ou falta de condições para desenvolver o processo: eles ocorrem em razão de questões particulares que fazem com que o desempenho pessoal do participante não seja satisfatório.

Sendo o coaching sustentado por um acordo e pela troca de experiências, não há como culpar uma estrutura, um projeto instrucional, pelo seu insucesso. Assim, cabe considerar que as condições oferecidas não conseguiram o grau de motivação necessário para que problemas externos pudessem ser superados. Contudo, é válido ressaltar que muitos desses problemas podem ser evitados, principalmente por meio de reuniões de *feedback* produtivo.

Os processos de coaching dificilmente são repetidos nas mesmas condições. Se essa necessidade surgir, o processo deve ser totalmente redesenhado, ainda que etapas de sucesso possam ser reaproveitadas.

Algumas empresas e, mais recentemente, algumas IES têm colocado nas mãos do processo de retorno de investimento (ROI) a avaliação do processo de coaching. As estatísticas são quase todas positivas. Há até casos em que um retorno quantitativo atinge valores que são cinco vezes superiores ao investimento (Coach em Rede, 2017), ou seja, para cada real aplicado, o retorno intangível chega a cinco reais.

No coaching educacional, a avaliação ROI não chega a atingir os valores mencionados, pois sua mensuração é diferenciada. Nesse caso, o retorno avaliado é apenas intangível e mensurado pelo grau de satisfação, pelo sucesso obtido na solução dos problemas que foram propostos e pela verificação de sua aplicabilidade na vida real. Confira a seguir uma lista que relaciona as vantagens obtidas pelo coaching (Instituto de Coaching Corporativo do Brasil, 2017):

Trabalho em equipe (67%)
Relacionamento com pares (63%)
Satisfação no trabalho (61%)
Aumento de produtividade dos executivos (53%)
Redução de conflitos (52%)
Qualidade (48%)
Organização (48%)
Comprometimento com a organização (44%)
Atendimento ao cliente (39%)
Retenção dos executivos (32%)
Redução de custos (23%)

Os números são convincentes e atraentes para qualquer *stakeholder* que busque fontes seguras para aplicações financeiras. Infelizmente, ainda não há dados do gênero com relação ao coaching educacional, pois, como mencionado anteriormente, trata-se de uma área relativamente nova.

Ainda assim, com a criação de uma proposta *big data* que apresente um número de informações suficientes, é possível dar apoio ao processo de tomada de decisão na área de coaching educacional. Também é possível colocar a formação de profissionais do conhecimento e de solucionadores de problemas como um indicador de avaliação do sucesso nesse processo.

atividade

Analise a lista apresentada e aponte como ela poderia ser utilizada como um elemento de sensibilização das coordenações de curso, a fim de incentivar a IES a utilizar a atividade de coaching.

No mercado corporativo, o coaching visa preparar líderes e empreendedores. No mercado educacional, o coaching visa preparar pesquisadores, mestres e doutores que criem novos conhecimentos, proporcionando ao mercado de trabalho profissionais cada vez mais preparados.

Glossário

Avaliação por competências e habilidades: Atividade que compara o desempenho de um profissional no interior da organização às competências ideais exigidas para um cargo e para o atendimento dos objetivos da empresa (Intelectus, 2017). O parâmetro *competência* é encarado como o conjunto de conhecimentos, habilidades e atitudes que o profissional deve possuir – devendo estar de acordo com a atividade que está sendo avaliada.

Diferenciais competitivos: Atributos que tornam uma empresa única e superior a todos os seus principais concorrentes. Geralmente, trata-se de algo que a concorrência ainda não conseguiu oferecer a sua clientela.

Exame Nacional de Desempenho dos Estudantes (Enade): Processo que avalia o rendimento dos alunos de graduação em relação aos conteúdos programáticos de cursos registrados (Inep, 2017).

Grau de satisfação: Forma de medir o nível de satisfação do coachee. No processo de avaliação, é recomendável inserir uma proposta ao final que defina esse grau de satisfação, que está relacionado a diversos aspectos importantes, como: conteúdos, pertinência e significância da atividade de ensino oferecida pela IES (Munhoz, 2016c).

Saiba mais

Para saber mais sobre os temas abordados neste capítulo, sugerimos a seguir dois textos para leitura.

Leitura	Proposta de atividade
MARQUES, J. R. Sucesso na vida profissional com coaching. Portal IBC, 29 abr. 2016. Disponível em: <http://www.ibccoaching.com.br/portal/coaching-carreira/coaching-para-obter-sucesso-na-carreira-profissional/>. Acesso em: 8 dez. 2017.	Leitura complementar.
FURB – Fundação Universidade Regional de Blumenau. O que é o Enade? Disponível em: <http://www.furb.br/web/3237/enade-exame-nacional-de-desempenho-dos-estudantes/o-que-e-o-enade>. Acesso em: 8 dez. 2017.	Leitura complementar.

Questões para revisão

1. Relacione o grau de satisfação com as atividades de avaliação de desempenho do aluno.
2. Cite algumas formas para que empresas atinjam um bom nível de competitividade no mercado contemporâneo.
3. Cite algumas formas para que as IES atinjam um bom nível de competitividade no mercado contemporâneo.
4. Como as empresas podem obter alto grau de satisfação de seus colaboradores?
5. Como as IES podem obter elevado grau de satisfação de seus alunos?

Apresente um guia de orientação profissional para os professores que apresente regras a serem seguidas e competências a serem desenvolvidas. Tal guia visa orientar atitudes e comportamentos inovadores no desenvolvimento do processo de ensino-aprendizagem no coaching educacional. Justifique suas colocações.

Blogs

Capítulo 10

Expectativas do coaching para o futuro

A evolução está presente em todas as atividades humanas, principalmente nas que envolvem a utilização de tecnologias e novas metodologias – algo que acontece de forma acelerada. Nesta obra, o coaching é considerado uma metodologia inovadora ainda recente em nosso país, apesar do sucesso que demonstra em iniciativas internacionais.

O coaching como o concebemos atualmente foi estabelecido há cerca de 15 anos. Até então, a atividade era direcionada a celebridades e figuras públicas. Esse formato foi mantido até o mercado corporativo observar as mudanças significativas (e positivas) de comportamento das celebridades submetidas ao processo.

A partir disso, passou-se a considerar que a união de duas pessoas com interesses em comum, uma especializada e outra com grande potencial, traria bons resultados para as empresas. Esse foi o caminho trilhado até que se chegasse ao coaching atual.

Atualmente, o processo de coaching conta com diversos recursos tecnológicos. No caso do coaching educacional, além do interesse em comum e do objetivo de melhoria constante, há a afetividade. É um processo em que uma das partes quer ensinar e outra quer aprender, como mencionamos logo no início deste livro.

Há certa preocupação se o papel do coacher será mantido, na próxima década e nos anos subsequentes, como o concebemos agora. Afinal, tendo em vista a constante evolução tecnológica, não devidamente acompanhada por uma evolução comportamental das pessoas, imagina-se que as atividades de coaching para a próxima década estarão mais voltadas ao desenvolvimento do lado humano, não tecnológico. Essa necessidade pode até levar o coaching a migrar da área administrativa para a área da psicologia aplicada.

Os novos líderes provavelmente serão bem diferentes dos atuais, a fim de evitar que a metáfora do carro de Jagrená (Giddens, 1991, 1993) cause sérios problemas à humanidade. A aplicação dessa metáfora ao coaching executivo ou educacional indica que é necessário haver planejamento para evitar que erros se acumulem e sejam transformados em uma bola de neve que somente aumenta de tamanho com a continuidade da improvisação.

Além disso, a atividade de coaching deve abandonar a ribalta e deixar de ser considerada como algo exótico, destinado aos escolhidos (o que, consequentemente, cria uma elite), para se tornar uma atividade corriqueira, encontrada facilmente e sem apresentar custos. Caso seja cobrada, a atividade deve ser apresentada como objeto de escambo, preferivelmente por meio da troca de gentilezas entre pessoas de diferentes áreas do conhecimento.

Quem sabe o coacher, aquele que está do outro lado da linha, não se transforme em um avatar, totalmente personalizado, tornando-se quase a imagem especular de quem solicita ser atendido para potencializar o atingimento de seus objetivos. Isso, por outro lado, pode tornar a atividade de coaching algo mecânico, representando apenas a luta de uma pessoa consigo mesma.

O mais importante, enquanto esse futuro não chega, é aprimorar as atividades de coaching, podendo o setor acadêmico, mais afeito ao desenvolvimento de pesquisas do que os profissionais do mercado corporativo, colaborar de maneira significativa. Tal possibilidade deveria unir orientadores corporativos e professores em propostas de desenvolvimento conjunto.

Esta é uma das propostas do material de estudo: sugerir ao leitor que abandone qualquer resistência com relação à área – e também qualquer entusiasmo injustificado – para se concentrar nas falhas que são evidentes atualmente no processo e buscar inovações com o apoio de instituições de ensino (IES) superior que trabalham de forma séria.

No mercado atual, ainda não está posto o propósito social sobre o pragmatismo corporativo, o que pode mudar quando investidores forem incentivados a valorizar o capital intelectual que a atividade de coaching pode criar, tanto para a empresa quanto para a academia.

Glossário

Contrato de atividade de coaching: No mercado corporativo, o coacher e o coachee não são considerados propriamente como professor e aluno, mas como profissionais que prestam um serviço e recebem um serviço, respectivamente. Isto posto, a atividade, quando não proposta por uma empresa, pode exigir, comercialmente falando, um contrato para estabelecer os direitos e as obrigações para ambas as partes envolvidas. Já no setor acadêmico, é mais difícil imaginar tal situação, salvo os casos de docência independente ou de estabelecimento de contratação de tutores independentes[1].

Metáfora do carro de Jagrená: De acordo com essa metáfora de Giddens (1991, 1993), a humanidade se encontra no interior de um carro que desce uma ladeira íngreme, sem freios, no final da qual há um alto e espesso muro que impede que as pessoas vejam o que há além dele. No entanto, isso parece não importar quando se considera que, ao final da ladeira, o carro de Jagrená irá se espatifar no muro e não restará muito da humanidade.

Objeto de escambo: Objeto trocado em uma atividade que não envolve a utilização de moeda. Assim, cada uma das partes entrega para a outra o objeto de escambo, dando-se por quitados os valores.

Saiba mais

Para saber mais sobre os temas abordados neste capítulo, sugerimos a seguir algumas leituras complementares.

Leitura	Proposta de atividade
GIARDINO, A. Fuja das roubadas de carreira. Veja as armadilhas. Exame, 13 jun. 2013. Carreira. Disponível em: <http://exame.abril.com.br/revista-voce-sa/edicoes/157/noticias/fuja-das-roubadas-de-carreira>. Acesso em: 6 dez. 2017.	Leitura complementar.

(continua)

---

1 Confira um modelo de contrato em: <www.jrmcoaching.com.br/blog/modelo-ideal-de-contrato-para-servicos-de-coaching/>.

(conclusão)

Leitura	Proposta de atividade
MATTA, V. da. O futuro do coaching – O que esperar? Sociedade Brasileira de Coaching, 28 jan. 2014. Disponível em: <https://www.sbcoaching.com.br/blog/tudo-sobre-coaching/futuro-coaching-esperar/>. Acesso em: 6 dez. 2017.	Leitura complementar.
PIMENTA, F. F. A transformação através do processo de coaching. In: SPINK, M. J. P.; FIGUEIREDO, P.; BRASILINO, J. (Org.). Psicologia social e pessoalidade. Rio de Janeiro: Centro Edelstein de Pesquisas Sociais; Abrapso, 2011. p. 157-168. Disponível em: <http://books.scielo.org/id/xg9wp/pdf/spink-9788579820571-12.pdf>. Acesso em: 6 dez. 2017.	Leitura complementar.

Questões para revisão

1. Apresente pelo menos uma razão que justifique a resistência do setor acadêmico com relação à implantação de atividades de coaching educacional.
2. Tendo em vista a perspectiva do docente independente (aquele que não está ligado a nenhuma IES), que tipo de contrato você considera possível de ser estipulado para que as atividades entre coacher e coachee sejam regulamentadas, seja no mercado corporativo, seja no setor acadêmico?
3. Cite pelo menos uma razão que justifique o sucesso do coaching executivo.

A IES na qual você trabalha solicitou que você produza um pequeno texto para divulgação da instituição, utilizando o coaching educacional como uma proposta de marketing. A ideia é convencer futuros alunos das vantagens que o método apresenta em relação às metodologias tradicionais de tutoria em EaD.

Considerações finais

Esta obra apresentou a aplicação das atividades de coaching – uma técnica amplamente utilizada no segmento corporativo – na área da educação.

Nesse sentido, destacamos a importância do papel do tutor e investigamos a atividade de coaching no âmbito da academia, com todas as diferenças que esse ambiente tem com relação ao das empresas. Com base na desmistificação da atividade do coaching, procurou-se estabelecer os tipos de mudanças necessárias para que o processo fosse transferido para o ambiente acadêmico.

Como pudemos perceber, essa iniciativa rompe com o método tradicional ao propor uma nova metodologia, que leva em consideração a realidade dos novos alunos, geralmente pertencentes à geração digital, e permite maior grau de independência por parte deles. Trata-se de uma abordagem que também busca motivar o aluno e melhorar o relacionamento interpessoal entre ele e o professor.

Esperamos que a exposição efetuada possa motivar instituições de ensino superior (IES) e professores a estudarem a possibilidade de aplicação do coaching educacional, a fim de motivar o aluno em seu percurso de aprendizagem e, consequentemente, auxiliá-lo no seu desenvolvimento acadêmico.

O coaching educacional pode vir a ser uma estratégia didática e pedagógica de valor, se aplicado com o mesmo grau de envolvimento do segmento corporativo.

Questionário de avaliação da obra

Responda as questões a seguir e encaminhe-as ao autor[1], a fim de que ele possa melhorar e complementar este material.

1. O que o levou a adquirir este livro?
2. Suas expectativas com relação ao material foram atendidas?
3. O conteúdo proposto está de acordo? Você tem alguma sugestão?
4. Há algum material de seu interesse que possa se transformar em uma pesquisa e que você gostaria de ver publicado?
5. Indique algum tema na área que considere uma lacuna neste material.

---

1 *E-mail* para contato: antsmun@outlook.com.

Referências

ABRANTES, T. 11 habilidades que o mercado exige e a faculdade não ensina. Exame, 9 jan. 2013. Carreira. Disponível em: <http://exame.abril.com.br/carreira/noticias/11-habilidades-que-o-mercado-exige-e-a-faculdade-nao-ensina>. Acesso em: 24 nov. 2017.

ABREU-E-LIMA, D. M. de; ALVES, M. N. O feedback e sua importância no processo de tutoria a distância. Pro-posições, Campinas, v. 22, n. 2, p. 189-205, maio/ago. 2011. Disponível em: <http://www.scielo.br/pdf/pp/v22n2/v22n2a13.pdf>. Acesso em: 27 nov. 2017.

ALMEIDA, A. F. de. Planejamento estratégico e proatividade: um estudo de caso em duas unidades regionais do Banco Central do Brasil. Revista de Administração Contemporânea, Curitiba, v. 4, n. 3, set./dez. 2000. Disponível em: <http://www.scielo.br/scielo.php?script=sci_arttext&pid=S1415-65552000000300010>. Acesso em: 27 nov. 2017.

A PRÁTICA do "aprender fazendo". Portal Educação, 4 abr. 2013. Pedagogia. Disponível em: <www.portaleducacao.com.br/conteudo/artigos/pedagogia/a-pratica-do-aprender-fazendo/42177>. Acesso em: 12 maio 2017.

ARAUJO, I. S.; MAZUR, E. Instrução pelos colegas e ensino sob medida: uma proposta para o engajamento dos alunos no processo de ensino-aprendizagem de Física. Caderno Brasileiro de Ensino de Física, Florianópolis, v. 30, n. 2, p. 362-384, ago. 2013. Disponível em: <https://periodicos.ufsc.br/index.php/fisica/article/view/2175-7941.2013v30n2p362/24959>. Acesso em: 27 nov. 2017.

ARRUDA, S. de M. et al. O pensamento convergente, o pensamento divergente e a formação de professores de Ciências e Matemática. Caderno Brasileiro de Ensino de Física, Florianópolis, v. 22, n. 2, p. 220-239, ago. 2005. Disponível em: <https://periodicos.ufsc.br/index.php/fisica/article/view/6386/13269>. Acesso em: 27 nov. 2017.

BALDESSAR, V. Corte de verba na educação: como isso me afeta? Politize!, 18 nov. 2015. Disponível em: <http://www.politize.com.br/corte-de-verbas-na-educacao-como-me-afeta/>. Acesso em: 12 dez. 2017.

BARBOSA, R. Mídias sociais: ajudam ou atrapalham? Revista Ensino Superior, 15 jul. 2011. Disponível em: <http://zelmar.blogspot.com.br/2011/07/midias-sociais-ajudam-ou-atrapalham.html>. Acesso em: 27 nov. 2017.

BARNES, K.; MARATEO, R. C.; FERRIS, S. P. Aprendizagem independente: novas perspectivas para educação da geração Net. Master New Media, 4 jun. 2012. Disponível em: <http://br.masternewmedia.org/ensino_tecnologias_de_educacao/educacao/aprendizagem-independente-novas-perspectivas-para-a-educacao-da-geracao-net-20070517.htm>. Acesso em: 27 nov. 2017.

BARROSO, S. Neoliberalismo autofágico: capitalismo decadente. Portal Vermelho, 30 jul. 2015. Disponível em: <http://vermelho.org.br/coluna.php?id_coluna_texto=7052&id_coluna=77>. Acesso em: 27 nov. 2017.

BASTOS, M. Análise SWOT (Matriz): conceito e aplicação. Portal Administração, 17 jan. 2014. Disponível em: <http://www.portal administracao.com/2014/01/analise-swot-conceito-e-aplicacao.html>. Acesso em: 27 nov. 2017.

BECHARA, J. J. B.; HAGUENAUER, C. J. Por uma aprendizagem adaptativa baseada na plataforma Moodle. Rio de Janeiro, maio 2009. Disponível em: <http://www2.abed.org.br/congresso2009/CD/trabalhos/1552009231402.pdf>. Acesso em: 27 nov. 2017.

BELLONI, M. L. Educação a distância. 4. ed. Campinas: Autores Associados, 2006.

BOTELHO, J. M. A universidade e a realidade do mercado. UOL. Aprendiz: Guia de Empregos. Disponível em: <http://www2.uol.com.br/aprendiz/guiadeempregos/palavra/jbotelho/ge200302.htm>. Acesso em: 27 nov. 2017.

BRASIL. Decreto n. 5.622, de 19 de dezembro de 2005. Diário Oficial da União, Poder Executivo, Brasília, DF, 20 dez. 2005. Disponível em: <http://www.planalto.gov.br/ccivil_03/_ato2004-2006/2005/decreto/d5622.htm>. Acesso em: 27 nov. 2017.

BRASIL. Lei n. 9.394, de 20 de dezembro de 1996. Diário Oficial da União, Poder Legislativo, Brasília, DF, 23 dez. 1996. Disponível em: <http://www.planalto.gov.br/ccivil_03/leis/L9394.htm>. Acesso em: 27 nov. 2017.

BRASIL. Ministério da Educação. Secretaria de Educação a Distância. Referenciais de qualidade para educação superior a distância. Brasília, ago. 2007. Disponível em: <http://portal.mec.gov.br/seed/arquivos/pdf/legislacao/refead1.pdf>. Acesso em: 27 nov. 2017.

BURKE, B. Gamificar: como a gamificação motiva as pessoas a fazerem coisas extraordinárias. Tradução de Sieben Gruppe. São Paulo: DVS, 2015.

CABRAL, F. M. S.; CARVALHO, M. A. V. de; RAMOS, R. M. Dificuldades no relacionamento professor/aluno: um desafio a superar. Paidéia, Ribeirão Preto, v. 14, n. 29, p. 327-335, 2004. Disponível em: <https://www.revistas.usp.br/paideia/article/view/6198/7729>. Acesso em: 27 nov. 2017.

CAI o número de universitários brasileiros que concluem a faculdade. G1, 9 set. 2014. Disponível em: <http://g1.globo.com/jornal-nacional/noticia/2014/09/cai-o-numero-de-universitarios-brasileiros-que-concluem-faculdade.html>. Acesso em: 29 nov. 2017.

CARDOZO, C. G.; SILVA, L. O. S. A importância do relacionamento interpessoal no ambiente de trabalho. Interbio, Dourados, v. 8, n. 2, p. 24-34, jul./dez. 2014. Disponível em: <www.unigran.br/interbio/paginas/ed_anteriores/vol8_num2/arquivos/artigo3.pdf>. Acesso em: 27 nov. 2017.

CASCAIS, M das G. A; FACHÍN-TERÁN, A. Educação formal, informal e não formal em ciências: contribuições dos diversos espaços educativos. In: FACHÍN-TERÁN, A.; SANTOS, S. C. S. (Org.). Novas perspectivas de ensino de ciências em espaços não formais amazônicos. Manaus: UEA Edições, 2013. p. 130-138.

CASELATO, B. Quais os principais motivos de insatisfação dos colaboradores em uma organização? Disponível em: <http://biancacaselato.com.br/quais-os-principais-motivos-de-insatisfacao-dos-colaboradores-em-uma-organizacao/>. Acesso em: 27 nov. 2017.

CERULLO, J. A. da S. B.; CRUZ, D. de A. L. M. da. Raciocínio clínico e pensamento crítico. Revista Latino-Americana de Enfermagem, Ribeirão Preto, v. 18, n. 1, p. 124-129, jan./fev. 2010. Disponível em: <https://www.revistas.usp.br/rlae/article/view/4129/5031>. Acesso em: 27 nov. 2017.

COACH EM REDE. Disponível em: <https://www.coachemrede.com.br/>. Acesso em: 27 nov. 2017.

COUTINHO, M. T. da C.; MOREIRA, M. Psicologia da educação: um estudo dos processos psicológicos de desenvolvimento e aprendizagem humanos, voltado para a educação. 7. ed. Belo Horizonte: Lê, 1999.

DELORS, J. Educação: um tesouro a descobrir. Relatório para a Unesco da Comissão Internacional sobre Educação para o século XXI. Tradução de José Carlos Eufrázio. Brasília: Unesco do Brasil; São Paulo: Cortez, 1998. Disponível em: <http://dhnet.org.br/dados/relatorios/a_pdf/r_unesco_educ_tesouro_descobrir.pdf>. Acesso em: 27 nov. 2017.

DEMO, P. Pesquisa social. Serviço Social & Realidade, Franca, v. 17, n. 1, p. 11-36, 2008. Disponível em: <http://hugoribeiro.com.br/biblioteca-digital/Demo-Pesquisa_Social.pdf>. Acesso em: 27 nov. 2017.

DINIZ FILHO, L. L. Paulo Freire e a "educação bancária" ideologizada. Gazeta do Povo, 15 fev. 2013. Opinião. Disponível em: <http://www.gazetadopovo.com.br/opiniao/artigos/paulo-freire-e-a-educacao-bancaria-ideologizada-1m9so0wm12r2m2wau4ghfvedh>. Acesso em: 29 nov. 2017.

DOWNES, S. What Connectivism Is. Feb. 3rd, 2007. Disponível em: <http://halfanhour.blogspot.com/2007/02/what-connectivism-is.html>. Acesso em: 29 nov. 2017.

DRUCKER, P.; WARTZMAN, R. Leadership Lessons from Peter Drucker. New York: McGraw-Hill Education, 2013.

EARL, L.; HARGREAVES, A.; RYAN, J. Schooling for Change: Reinventing Education for Early Adolescents (Teacher's Library). London: Routledge, 2013.

EBOLI, M. Educação corporativa no Brasil: mitos e verdades. Brasília: Gente, 2004.

FAQ – FREQUENTLY ASKED QUESTIONS. Cambridge Dictionary. Disponível em: <https://dictionary.cambridge.org/pt/dicionario/ingles/faq>. Acesso em: 7 dez. 2017.

FARIA, J. I. L.; CASAGRANDE, L. D. R. A educação para o século XXI e a formação do professor reflexivo na enfermagem. Revista Latino-Americana de Enfermagem, Ribeirão Preto, v. 12, n. 5, p. 821-827, set./out. 2004. Disponível em: <https://www.revistas.usp.br/rlae/article/view/1947/2012>. Acesso em: 29 nov. 2017.

FAYAD, A. Chief Learning Officer – Everything You Need to Know (infographic). Apr. 27th, 2015. Disponível em: <https://www.linkedin.com/pulse/chief-learning-officer-everything-you-need-know-andrew-fayad/>. Acesso em: 12 dez. 2017.

FILATRO, A. Design instrucional na prática. São Paulo: Pearson, 2008.

FRANÇA, S. Um modelo de comunicação em coaching. SLAC, 5 fev. 2014. Disponível em: <http://www.slacoaching.com.br/sem-categoria/um-modelo-de-comunicacao-em-coaching>. Acesso em: 29 nov. 2017.

GALLEGO, R. de C.; SILVA, V. B. da. A gestão do tempo e do espaço na escola. Curso RedeFor de Gestão da Escola para diretores. Módulo 4. Disponível em: <https://midia.atp.usp.br/impressos/redefor/GestaoDiretores/Tempo_Espaco_2011_2012/Tempo_Espaco_completo.pdf>. Acesso em: 12 dez. 2017.

GARDNER, H. Multiple Intelligences: New Horizons in Theory and Practice. New York: Basic Books, 2008.

GASPAR, D. J.; PORTÁSIO, R. M. Liderança e coaching: desenvolvendo pessoas, recriando organizações. Revista de Ciências Gerenciais, v. 13, n. 18, p. 17-41, 2009. Disponível em: <http://www.pgsskroton.com.br/seer/index.php/rcger/article/viewFile/2601/2482>. Acesso em: 12 dez. 2017.

GEBIN, D. Learning by Doing: aprender fazendo. Administradores, Artigos, 27 nov. 2014. Disponível em: <http://www.administradores.com.br/artigos/academico/learning-by-doing-aprender-fazendo/82892/>. Acesso em: 29 nov. 2017.

GIDDENS, A. As consequências da modernidade. Tradução de Raul Fiker. São Paulo: Ed. da Unesp, 1991.

_____. A transformação da intimidade: sexualidade, amor e erotismo nas sociedades modernas. Tradução de Magda Lopes. São Paulo: Ed. da Unesp, 1993.

GIL, A. C. Gestão de pessoas: enfoque nos papéis profissionais. São Paulo: Atlas, 2001.

GOLDSMITH, M.; REITER, M. Triggers: Creating Behavior that Lasts – Becoming the Person you want to Be. New York: Crow Business, 2015.

GOLEMAN, D. Inteligência emocional: a teoria revolucionária que redefine o que é ser inteligente. Tradução de Marcos Santarrita. Rio de Janeiro: Objetiva, 2011.

GONÇALVES, P. Postura proativa: a atitude dos profissionais de alta performance. HDI Brasil. Disponível em: <http://www.hdibrasil.com.br/index.php/conteudo/service-desk-blog/557-postura-proativa-a-atitude-dos-profissionais-de-alta-performance>. Acesso em: 29 nov. 2017.

GROFF, J. Technology-Rich Innovative Learning Environments. Feb. 2013. Disponível em: <http://www.oecd.org/edu/ceri/Technology-Rich%20 Innovative%20Learning%20Environments%20by%20Jennifer%20Groff.pdf>. Acesso em: 29 nov. 2017.

HAMZE, A. Andragogia e a arte de ensinar aos adultos. Disponível em: <http://educador.brasilescola.uol.com.br/trabalho-docente/andragogia.htm>. Acesso em: 29 nov. 2017.

HEYSE, S.; KENYON, C. From Andragogy to Heutagogy. 2000. Disponível em: <http://pandora.nla.gov.au/nph-wb/20010220130000/http://ultibase.rmit.edu.au/Articles/dec00/hase2.htm>. Acesso em: 29 nov. 2017.

HILSDORF, C. O que é inteligência competitiva? Administradores, Artigos, 12 maio 2010. Disponível em: <http://www.administradores.com.br/artigos/negocios/o-que-e-inteligencia-competitiva/44824/>. Acesso em: 29 nov. 2017.

HOUAISS, A.; VILLAR, M. de S. Dicionário Houaiss da língua portuguesa. versão 3.0. Rio de Janeiro: Instituto Antônio Houaiss; Objetiva, 2009. 1 CD-ROM.

IIYOSHI, T.; KUMAR, M. S. V. (Ed.). Educação aberta: o avanço coletivo da educação pela tecnologia, conteúdo e conhecimento abertos. 2008. Disponível em: <http://www.abed.org.br/arquivos/Livro_Educacao_Aberta_ABED_Positivo_Vijay.pdf>. Acesso em: 29 nov. 2017.

INEP – Instituto Nacional de Estudos e Pesquisas Educacionais Anísio Teixeira. Enade. Disponível em: <http://portal.inep.gov.br/enade>. Acesso em: 29 nov. 2017.

INSTITUTO DE COACHING CORPORATIVO DO BRASIL. Revista Fortune publica resultado de pesquisa com executivos que passaram pelo processo de Coaching. Disponível em: <http://iccdobrasil.com.br/blog/revista-fortune-publica-resultado-de-pesquisa-com-executivos-que-passaram-pelo-processo-de-coaching/>. Acesso em: 6 dez. 2017.

INTELECTUS. Gestão do desenvolvimento. Avaliação de desempenho por competências. Disponível em: <http://intelectusconsultoria.com.br/servicos/avaliacao-de-desempenho-por-competencias/>. Acesso em: 29 nov. 2017.

KEEGAN, D. Foundations of Distance Education. 3. ed. London: Routledge, 1996.

KLEIN, L. F. Atualidade da pedagogia jesuítica. São Paulo: Edições Loyola, 1997.

LANGE, A.; KARAWEJCZYK, T. Coaching no processo de desenvolvimento individual e organizacional. Diálogo, Canoas, n. 25, p. 39-56, abr. 2014. Disponível em: <https://dialnet.unirioja.es/descarga/articulo/5113457.pdf>. Acesso em: 29 nov. 2017.

LEMGRUBER, M. S. Educação a distância: para além dos caixas eletrônicos. Revista Sinpro-Rio, Rio de Janeiro, v. 2, p. 42-49, 2008. 1. Disponível em: <http://portal.mec.gov.br/arquivos/conferencia/documentos/marcio_lemgruber.pdf>. Acesso em: 19 dez. 2017.

LIMA, J. de O.; ANDRADE, M. N. de; DAMASCENO, R. J. de A. A resistência do professor diante das novas tecnologias. Disponível em: <http://meuartigo.brasilescola.uol.com.br/educacao/a-resistencia-professor-diante-das-novas-tecnologias.htm>. Acesso em: 29 nov. 2017.

LIMA, O. F. de. Conflitos de poder entre professor e aluno. Administradores, Artigos, 23 ago. 2009. Disponível em: <http://www.administradores.com.br/artigos/negocios/conflitos-de-poder-entre-professor-e-aluno/33054/>. Acesso em: 29 nov. 2017.

LOGÍSTICA. In: Dicionário Informal. Disponível em: <http://www.dicionarioinformal.com.br/log%C3%ADstica/>. Acesso em: 29 nov. 2017.

LOMBARDI, J. C.; SANFELICE, J. L (Org.). Liberalismo e educação em debate. Campinas: Autores Associados, 2007.

MARQUES, J. R. Curso de formação em Professional & Self Coaching: Módulo I. Goiânia: IBC, 2012. Apostila.

MATTA, V. da. Coaching executivo: auxiliando no crescimento de sua empresa. Sociedade Brasileira de Coaching, 20 maio 2013. Disponível em: <https://www.sbcoaching.com.br/blog/executive-coaching/coaching-executivo-auxiliando-crescimento-empresa/>. Acesso em: 29 nov. 2017.

MATTAR, J. Games em educação: como os nativos digitais aprendem. São Paulo: Pearson, 2010.

MESSA, W. C. Utilização de ambientes virtuais de aprendizagem – AVAS: a busca por uma aprendizagem significativa. Revista Brasileira de Aprendizagem Aberta e a Distância, v. 9, 2010. Disponível em: <http://www.abed.org.br/revistacientifica/Revista_PDF_Doc/2010/2010_2462010174147.pdf>. Acesso em: 29 nov. 2017.

MILARÉ, S. A.; YOSHIDA, E. M. P. Coaching de executivos: adaptação e estágio de mudanças. Psicologia: Teoria e Prática, São Paulo, v. 9, n. 1, jun. 2007. Disponível em: <http://pepsic.bvsalud.org/scielo.php?script=sci_arttext&pid=S1516-36872007000100007>. Acesso em: 29 nov. 2017.

MOREIRA, M. A. Aprendizagem significativa: a teoria e textos complementares. São Paulo: Livraria da Física, 2011.

MOURA, G. L. Somos uma comunidade de prática? Revista de Administração Pública, Rio de Janeiro, v. 43, n. 2, p. 323-346, mar./abr. 2009. Disponível em: <www.scielo.br/pdf/rap/v43n2/v43n2a03.pdf>. Acesso em: 30 nov. 2017.

MUNHOZ, A. S. ABP – Aprendizagem baseada em problemas: ferramentas de apoio no processo de ensino e aprendizagem. São Paulo: Cengage, 2016a.

_____. MOOCS: produção de conteúdos educacionais. São Paulo: Saraiva, 2016b.

_____. O estudo em ambiente virtual de aprendizagem: um guia prático. Curitiba: Ibpex, 2011.

_____. Objetos de aprendizagem. Curitiba: InterSaberes, 2012.

_____. Projeto instrucional para ambientes virtuais. São Paulo: Cengage, 2016c.

_____. Qualidade de ensino nas grandes salas de aula. São Paulo: Saraiva, 2016d.

_____. Tecnologias educacionais. São Paulo: Saraiva, 2016e.

_____. Tutoria em EaD: uma nova visão. Curitiba: InterSaberes, 2014.

_____. Vamos inverter sua sala de aula? São Paulo: Clube de Autores. 2015.

MUNHOZ. A. S.; MARTINS, D. R. Aprender pelo erro: vantagens da estratégia na educação de jovens e adultos. In: CONGRESSO INTERNACIONAL ABED DE EDUCAÇÃO A DISTÂNCIA, 21., 2015, Bento Gonçalves. Anais... Bento Gonçalves: Abed, 2015. Disponível em: <http://www.abed.org.br/congresso2015/anais/pdf/BD_34.pdf>. Acesso em: 29 nov. 2017.

NABÃO, M. T. P. História da educação. Unip Interativa, unidade IV, 2011. Disponível em: <http://unipvirtual.com.br/material/2011/licenciatura/historia_educ/sld_4.pdf>. Acesso em: 29 nov. 2017.

OBERSTEIN, S. 10 Steps to Successful Coaching. Alexandria, VA: ASTD Press, 2009.

O QUE É coaching e seus benefícios. Revista Pará+, 7 jun. 2016. Disponível em: <http://paramais.com.br/o-que-e-coaching-e-seus-beneficios/>. Acesso em: 29 nov. 2017.

OSBORN, A. F. O poder criador da mente: princípios e processos do pensamento criador e do "brainstorming". Tradução de Jacy Monteiro. 2. ed. São Paulo: Ibrasa, 1965.

PIERINI, M. F. et al. Aprendizagem baseada em casos investigativos e a formação de professores: o potencial de uma aula prática de volumetria para promover o ensino interdisciplinar. Química Nova Escola, São Paulo, v. 37, n. 2, p. 112-119, maio 2015. Disponível em: <http://qnesc.sbq.org.br/online/qnesc37_2/07-EA-07-14.pdf>. Acesso em: 29 nov. 2017.

PONTO RH. Não confie em sua faculdade para te preparar para o mercado de trabalho! Disponível em: <http://www.pontorh.com.br/nao-confie-sua-faculdade-para-preparar-para-mercado-trabalho/>. Acesso em: 29 nov. 2017.

PORVIR. Disponível em: <http://porvir.org/especiais/personalizacao>. Acesso em: 29 nov. 2017.

PRENSKY, M. Digital Natives, Digital Immigrants. Part I. On the Horizon, Lincoln, v. 9, n. 5, Oct. 2001. 2. Disponível em: <https://www.marcprensky.com/writing/Prensky%20-%20Digital%20Natives,%20Digital%20Immigrants%20-%20Part1.pdf>. Acesso em: 20 dez. 2017.

REA – Recursos Educacionais Abertos. Perguntas frequentes. Disponível em: <http://www.rea.net.br/site/faq/>. Acesso em: 29 nov. 2017.

RENNAH, N. Sistemas abertos. 2009. Disponível em: <https://introducao-adm-2009-1.wikispaces.com/file/view/index2.pdf>. Acesso em: 29 nov. 2017.

REY, B. Como fazer um brainstorming eficiente. Exame, 26 jul. 2013. Carreira. Disponível em: <http://exame.abril.com.br/revista-voce-sa/edicoes/181/noticias/como-fazer-um-brainstorming-eficiente>. Acesso em: 29 nov. 2017.

RÖDER, A. Management by Objectives. Munique: Grin Verlag, 2009.

RODRIGUES, J. P. Sócrates e o seu método da maiêutica e a ironia. 5 jul. 2017. Disponível em: <http://pgl.gal/socrates-metodo-da-maieutica-ironia/>. Acesso em: 12 dez. 2017.

ROI. In: Significados. Disponível em: <https://www.significados.com.br/roi/>. Acesso em: 29 nov. 2017.

SAIBA por que um em cada cinco alunos abandona o ensino superior no Brasil. Administradores, Notícias, 10 fev. 2011. Disponível em: <http://www.administradores.com.br/noticias/academico/saiba-por-que-um-em-cada-cinco-alunos-abandona-o-ensino-superior-no-brasil/42660/>. Acesso em: 24 nov. 2017.

SAMPAIO, J dos R. A "dinâmica de grupos" de Bion e as organizações de trabalho. Psicologia USP, São Paulo, v. 13, n. 2, 2002. Disponível em: <http://www.scielo.br/scielo.php?script=sci_arttext&pid=S0103-65642002000200015>. Acesso em: 30 nov. 2017.

SANTANA, A. L. Maiêutica. Disponível em: <http://www.infoescola.com/filosofia/maieutica/>. Acesso em: 29 nov. 2017.

SANTOS, A. P. N. dos; FRANCISCO, D. J. Análise de uma experiência de supervisão/ coaching online: uma ferramenta de educação permanente nas organizações. Práxis Educacional, Vitória da Conquista, v. 9, n. 14, p. 11-32, jan./jul. 2013. Disponível em: <http://periodicos.uesb.br/index.php/praxis/article/viewFile/1784/1622>. Acesso em: 29 nov. 2017.

SANTOS, G. Coaching educacional: ideias e estratégias para professores, pais e gestores que querem aumentar seu poder de persuasão e conhecimento. São Paulo: Leader, 2012.

SANTOS, O. J. X. dos; BORUCHOVITCH, E. Estratégias de aprendizagem e aprender a aprender: concepções e conhecimento de professores. Psicologia: Ciência e Profissão, Brasília, v. 31, n. 2, 2011. Disponível em: <http://www.scielo.br/scielo.php?script=sci_arttext&pid=S1414-98932011000200007>. Acesso em: 29 nov. 2017.

SCHLEMMER, E.; SACCOL, A.; GARRIDO, S. Avaliação de ambientes virtuais de aprendizagem na perspectiva da complexidade. In: SIMPÓSIO BRASILEIRO DE INFORMÁTICA NA EDUCAÇÃO, 17., 2006, Brasília. Anais... Brasília: SBIE, 2006. p. 477-486. Disponível em: <http://www.br-ie.org/pub/index.php/sbie/article/viewFile/508/494>. Acesso em: 29 nov. 2017.

SCHNEIDER, E. I.; MEDEIROS, L. F. de; URBANETZ, S. T. O aprender e o ensinar em EaD por meio de rotas de aprendizagem. In: CONGRESSO INTERNACIONAL ABED DE EDUCAÇÃO A DISTÂNCIA, 15., 2009, Fortaleza. Anais... Fortaleza: Abed, 2009. Disponível em: <http://www2.abed.org.br/congresso2009/CD/trabalhos/1552009174534.pdf>. Acesso em: 29 nov. 2017.

SENGE, P. M. A quinta disciplina: a arte e prática da organização que aprende. Tradução de Gabriel Zide Neto. 33. ed. São Paulo: Best Seller, 2013. (Coleção Essenciais BestSeller).

SEVERINO, A. J. Metodologia do trabalho científico. 23. ed. São Paulo: Cortez, 2007.

SIEMENS, G. Connectivism: Learning Theory or Pastime of the Self-Amused? Elearnspace, Nov. 12th, 2006. Disponível em: <http://www.elearnspace.org/Articles/connectivism_self-amused.htm>. Acesso em: 29 nov. 2017.

SILVA, C. R. E. da. Orientação profissional, *mentoring*, *coaching* e *counseling*: algumas singularidades e similaridades em práticas. Revista Brasileira de Orientação Profissional, São Paulo, v. 11, n. 2, dez. 2010. Disponível em: <http://pepsic.bvsalud.org/scielo.php?script=sci_arttext&pid=S1679-33902010000200014>. Acesso em: 29 nov. 2017.

SILVA, E. de O. Formação continuada de professores. 29 f. Trabalho de Conclusão de Curso (Licenciatura em Pedagogia) – Faculdade de Ciências Sociais e Agrárias de Itapeva, Itapeva, 2014. Disponível em: <http://fait.revista.inf.br/imagens_arquivos/arquivos_destaque/zYtDts3VvFm5DcG_2015-2-5-15-4-16.pdf>. Acesso em: 20 dez. 2017.

SOUZA. C. A. de et al. Tutoria na educação a distância. In: CONGRESSO INTERNACIONAL ABED DE EDUCAÇÃO A DISTÂNCIA, 11., 2004, Salvador. Anais... Salvador: Abed, 2004. Disponível em: <http://www.abed.org.br/congresso2004/por/htm/088-TC-C2.htm>. Acesso em: 29 nov. 2017.

TAURION, C. Big Data. Rio de Janeiro: Brasport, 2015.

TURNOVER. In: Significados. Disponível em: <https://www.significados.com.br/turnover/>. Acesso em: 29 nov. 2017.

UAB – Universidade Aberta do Brasil. Orientações para mantenedores e gestores. Disponível em: <http://www.uab.ufmt.br/uploads/ckfinder/userfiles/files/cartilha_orientacoes_uab.pdf>. Acesso em: 29 nov. 2017.

UNIVERSITY OF CINCINNATI. Creating a Coaching Plan Toolkit. 2010. Disponível em: <https://www.uc.edu/content/dam/uc/hr/toolkits/managers/perf-mgt/coaching/Creating-a-Coaching-Plan-Manager-GuideUC.pdf>. Acesso em: 29 nov. 2017.

VALADÃO, A. 6 passos para estabelecer um diferencial para a sua empresa. Exame, 6 ago. 2014. PME. Disponível em: <http://exame.abril.com.br/pme/noticias/6-passos-para-estabelecer-um-diferencial-para-a-sua-empresa>. Acesso em: 29 nov. 2017.

WILLIAMS, R. Brainstorming May Discourage Ceativity. 30 mar. 2010. Disponível em: <www.psychologytoday.com/blog/wired-success/201003/brainstorming-may-discourage-creativity>. Acesso em: 30 nov. 2017.

WINCKLER, N. C.; MOLINARI, G. T. Competição, colaboração, cooperação e coopetição: revendo os conceitos em estratégias interorganizacionais. Revista ADMpg Gestão Estratégica, Ponta Grossa, v. 4, n. 1, 2011. Disponível em: <http://www.admpg.com.br/revista2011/artigos/9.pdf>. Acesso em: 29 nov. 2017.

Sobre o autor

Antonio Siemsen Munhoz é doutor e mestre em Engenharia de Produção pela Universidade Federal de Santa Catarina (UFSC); especialista em Tecnologias Educacionais pela Sociedade Paranaense de Ensino de Informática (Spei-PR), em Metodologia da Pesquisa Científica pelo Instituto Brasileiro de Pós-Graduação e Extensão (Ibpex-PR) e em Formação de Professores para Educação a Distância (EaD) pela Universidade Federal do Paraná (UFPR); e bacharel em Engenharia Civil pela UFPR. Atua como consultor em tecnologias educacionais no Centro Universitário Educacional Uninter.

Os papéis utilizados neste livro, certificados por instituições ambientais competentes, são recicláveis, provenientes de fontes renováveis e, portanto, um meio responsável e natural de informação e conhecimento.

FSC
www.fsc.org
MISTO
Papel produzido a partir de fontes responsáveis
FSC® C103535

Impressão: Reproset
Abril/2021